ヤマケイ文庫

侮るな東京の山

新編 奥多摩山岳救助隊日誌

Kon Kunio

金 邦夫

Yamakei Library

いくら文明が発達しても、山に取りつかれた者は自分の足で歩いて山を登るという登山行為を止めることはないだろう。年をとってもそれなりに登れる山を見つけては出かけていく。

私は高校生のときから登山をはじめたが、警視庁警察官となってからも山岳救助隊のある五日市《いつかいち》警察署、青梅《おうめ》警察署と渡り歩き、東京奥多摩の山で発生する山岳事故を扱う山岳救助隊に定年まで勤務した。東京の山、奥多摩でも年間数十件の山岳事故があり、十人前後の人が命を落とすのだ。そしてそこでは、「山を愛する者は山で死んではいけない」とつくづく感じたことであった。

目次

滑落

道迷い

行方不明

疲労・軽装備

その他

はじめに　東京都は立派な山岳地帯

私が勤務していた警視庁青梅警察署山岳救助隊[*1]は、東京都の奥多摩エリアにおける山岳遭難の救助が任務である。日本アルプスや北海道の山々における大量遭難のようなインパクトの強い遭難事故はないが、警察庁で毎年まとめている全国山岳遭難の統計データの都道府県別遭難件数においては、長野県、富山県、岐阜県などの山岳県に並んで東京都の遭難件数は常に上位に位置している。

特異な遭難事故でもなければ記事にはならないから、奥多摩に来る登山者にもあまり知られていないが、青梅警察署管内の山岳遭難事故だけでも年間40～50件前後発生し、死者・行方不明者は平均5～6人に上る。これに五日市警察署、高尾警察署などを合計すれば、東京都の山で発生する山岳事故は100件ほど。死者・行方不明者も10人弱になる。

奥多摩は「東京の山」という手軽なイメージもあって、ジーパン、スニーカーなどで、運動などあまりしたことのない人まで出かけてくる。ところがどっこい、東京の山といえど谷は深く尾根は急峻である。全国47都道府県の中で標高2000メートル以上の山のない府県が31ある。東京都の最高峰、雲取山《くもとり》は2017メートル。東京都は立派な山岳地帯でもある。登山者に人気の高い穂高岳や剱岳《つるぎ》において、100メートルも転落すれば人間はおそらく死亡する。奥多摩だって100メートル転落すれば同じ結果なのである。

私は1990年に青梅警察署に赴任。山岳救助隊員(のちに副隊長)としておもに奥多摩における遭難事故にかかわり、2009年に警視庁警察官を定年退職した。その後は嘱託、山岳指導員として山岳救助活動に携わってきたのだが、奥多摩のような身近な東京都の山で遭難して、死亡したり重軽傷を負ったりする登山者が後を絶たない。それも毎年同じような遭難が繰り返され、しかも遭難数は年々増加しているのだ。本書ではなるべく態様の異なった遭難事例を紹介し、広く登山者に注意を呼びかけたい。

＊1 **警視庁青梅警察署山岳救助隊**　警視庁に3隊ある救助隊のひとつ(ほかに五日市、高尾)。1959年に発足した最古参の山岳救助隊で、警備課長以下18人で組織されている。隊員のほとんどが駐在所員で編成され(奥多摩町10、青梅市2)、奥多摩交番に山岳救助隊本部を置いて奥多摩での山岳遭難事故の対応に当たる。青梅署は警視庁102署のひとつ。東京都の西端に位置し、東京都の約6分の1の面積を有する青梅市と奥多摩町を管轄する。

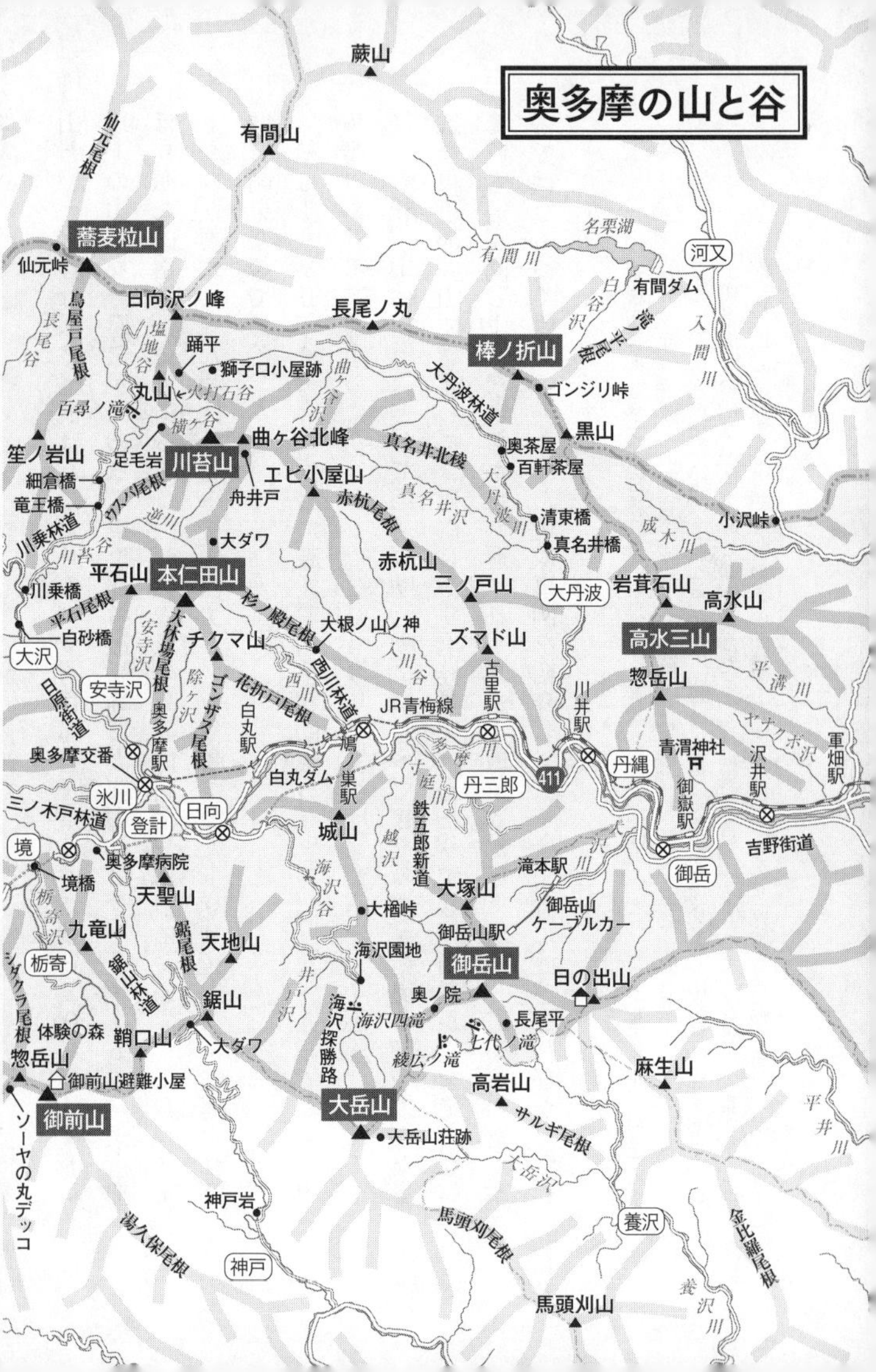
奥多摩の山と谷
蕨山
有間山
仙元尾根
名栗湖
有間川
河又
有間ダム
白谷沢
滝ノ平尾根
入間川
蕎麦粒山
仙元峠
鳥屋戸尾根
長尾谷
日向沢ノ峰
塩地谷
踊平
獅子口小屋跡
長尾ノ丸
棒ノ折山
大丹波林道
ゴンジリ峠
丸山
火打石谷
百尋ノ滝
横ヶ谷
曲ヶ谷沢
曲ヶ谷北峰
真名井北稜
奥茶屋
黒山
百軒茶屋
笙ノ岩山
足毛岩
川苔山
舟井戸
細倉橋
竜王橋
ウスバ尾根
逆川
エビ小屋山
赤杭尾根
真名井沢
大丹波川
清東橋
真名井橋
成木川
小沢峠
川乗林道
川苔谷
大ダワ
赤杭山
平石山
本仁田山
三ノ戸山
大丹波
岩茸石山
高水山
川乗橋
平石尾根
杉ノ殿尾根
大根ノ山ノ神
ズマド山
白砂橋
安寺沢
大休場尾根
チクマ山
入川谷
高水三山
大沢
西川
西川林道
古里駅
川井駅
惣岳山
平溝川
日原街道
安寺沢
除ヶ沢
ゴンザス尾根
花折戸尾根
JR青梅線
青渭神社
ヤナクボ沢
軍畑駅
奥多摩駅
白丸駅
鳩ノ巣駅
多摩川
沢井駅
奥多摩交番
丹縄
御嶽駅
寸庭川
411
白丸ダム
丹三郎
氷川
日向
三ノ木戸林道
登計
鉄五郎新道
吉野街道
城山
越沢
境
奥多摩病院
海沢谷
滝本駅
境橋
天聖山
大塚山
御岳
栃寄沢
大楢峠
御岳山
ケーブルカー
鋸尾根
御岳山駅
九竜山
天地山
海沢園地
御岳山
シダクラ尾根
栃寄
鋸山林道
日の出山
井戸沢
奥ノ院
鋸山
海沢探勝路
海沢四滝
長尾平
体験の森
鞘口山
大ダワ
七代ノ滝
綾広ノ滝
惣岳山
麻生山
御前山避難小屋
高岩山
御前山
大岳山
サルギ尾根
平井川
ソーヤの丸デッコ
大岳山荘跡
大岳沢
神戸岩
養沢
馬頭刈尾根
湯久保尾根
金比羅尾根
神戸
養沢川
馬頭刈山

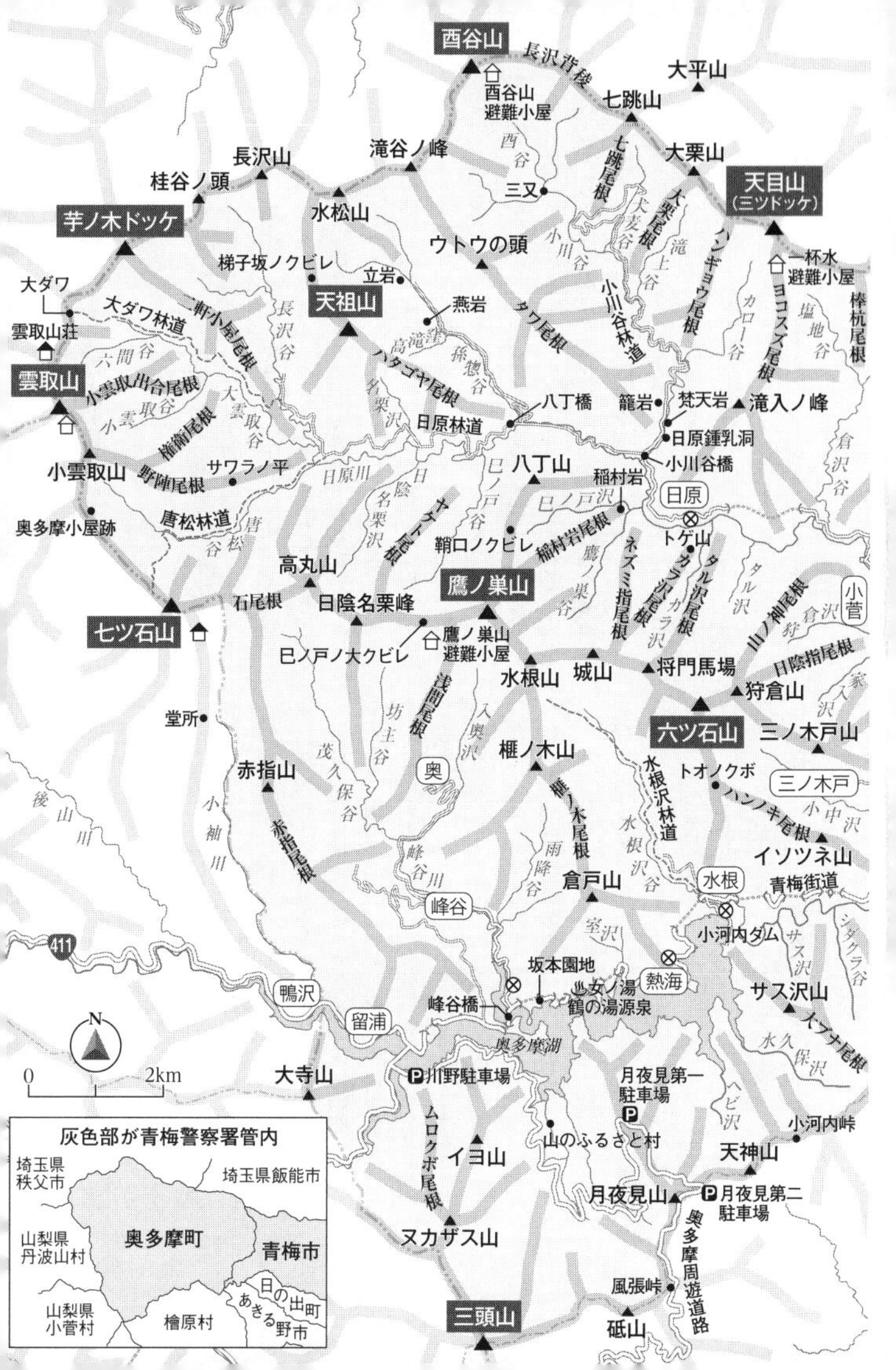

酉谷山
長沢背稜
大平山
酉谷山
避難小屋
七跳山
西谷
滝谷ノ峰
長沢山
大栗山
桂谷ノ頭
三又
天目山
（三ツドッケ）
七跳尾根
大栗尾根
犬麦谷
滝上谷
ハンギョウ尾根
芋ノ木ドッケ
水松山
ウトウの頭
小川谷
一杯水
避難小屋
梯子坂ノクビレ
立岩
小川谷林道
カロー谷
ヨコスズ尾根
塩地谷
棒杭尾根
大ダワ
天祖山
燕岩
タワ尾根
大ダワ林道
一軒小屋尾根
長沢谷
雲取山荘
高滝
孫惣谷
ハタゴヤ尾根
六間谷
雲取山
小雲取出合尾根
小雲取谷
大雲取谷
小栗沢
八丁橋
籠岩
梵天岩
滝入ノ峰
日原林道
日原鍾乳洞
権衛尾根
小川谷橋
倉沢谷
小雲取山
野陣尾根
サワラノ平
日原川
日陰名栗沢
巳ノ戸谷
八丁山
稲村岩
巳ノ戸沢
日原
奥多摩小屋跡
唐松林道
唐松谷
鞘口ノクビレ
稲村岩尾根
トゲ山
鷹ノ巣谷
ネズミ指尾根
カラ沢尾根
カラ沢
タル沢尾根
タル沢
高丸山
鷹ノ巣山
小菅
七ツ石山
石尾根
日陰名栗峰
山ノ神尾根
狩倉沢
巳ノ戸ノ大クビレ
鷹ノ巣山
避難小屋
水根山
城山
将門馬場
日陰指尾根
狩倉山
家入沢
堂所
浅間尾根
坊主谷
入奥沢
六ツ石山
三ノ木戸山
榧ノ木山
水根沢林道
トオノクボ
赤指山
茂久保谷
奥
三ノ木戸
後山川
小袖川
榧ノ木尾根
ハンノキ尾根
小中沢
赤指尾根
峰谷川
雨降谷
水根沢谷
イソツネ山
倉戸山
水根
青梅街道
峰谷
室沢
小河内ダム
サス沢
シダクラ谷
411
坂本園地
熱海
鴨沢
峰谷橋
女ノ湯
鶴の湯源泉
サス沢山
留浦
奥多摩湖
大ブナ尾根
水久保沢
N
0
2km
大寺山
川野駐車場
月夜見第一
駐車場
ヘビ沢
小河内峠
ムロクボ尾根
山のふるさと村
イヨ山
天神山
月夜見山
月夜見第二
駐車場
奥多摩周遊道路
ヌカザス山
風張峠
三頭山
砥山
灰色部が青梅警察署管内
埼玉県
秩父市
埼玉県飯能市
山梨県
丹波山村
奥多摩町
青梅市
山梨県
小菅村
檜原村
日の出町
あきる野市

本書に登場する主な山・尾根・谷

〈山〉

芋《いも》ノ木《き》ドッケ（1946メートル） 東京都と埼玉県の境界にある山で、芋木ノドッケとも呼ばれる。全山がコメツガの原生林で覆われている。

大岳《おおだけ》山（1266・4メートル） 奥多摩町と檜原《ひのはら》村の境界にある山。標高はさして高くないが、個性的な山容をそなえた名峰である。三頭《みとう》山、御前山とともに「奥多摩三山」と称される。

川苔《かわのり》山（1363・2メートル） 奥多摩町の北東部に位置する山で、川乗山とも表記される。山頂からの展望がよく百尋《ひゃくひろ》ノ滝などの景勝地もあるため、奥多摩の中でも四季を通じて登山者が多い。

雲取《くもとり》山（2017・1メートル） 奥多摩と奥秩父《ちちぶ》の二つの山域にまたがるように位置し、埼玉県と山梨県の境を成す東京都の最高峰、最西端、一等三角点の山。深田久弥選の「日本百名山」。

御前《ごぜん》山（1405メートル） 奥多摩町と檜原村の境界にある山。春には東京都でも有数のカタクリが見られ、登山者で賑わう。

蕎麦粒《そばつぶ》山（1472・8メートル） 奥多摩町と埼玉県秩父市の境界にある山。二等辺三角形を成す頂上部分が蕎麦の実の形を思わせるところからきた名前と考えられる。

鷹《たか》ノ巣《す》山（1736・6メートル） 雲取山から奥多摩町の市街地まで続く石尾根のほぼ中間に位置する山。山頂の西側に避難小屋、水場がある。

高水《たかみず》三山 青梅市の北西部に位置する岩茸石《いわたけいし》山（793メートル）、高水山（759メートル）、惣《そう》岳《がく》山（756メートル）の総称。

天祖《てんそ》山（1723・3メートル） 長沢背稜と石尾根に囲まれた風格のある山。古くから信仰の山として知られ、山頂に天祖神社が祀《まつ》られている。

天目《てんもく》山（1576メートル） 奥多摩と秩父の境界、長沢背稜上の山。三つのピーク（トッケ）を持つことから三ツドッケとも呼ばれる。

西谷《とりだに》山（1718・3メートル） 長沢背稜上の最高峰。秩父では黒ドッケともいう。

七《なな》ツ石《いし》山（1757・3メートル） 石尾根にある

東京都と山梨県の境界の山。山頂からわずかに東寄りに並立する巨岩が山名の由来で、その基部には平将門《たいらのまさかど》を祀るという七ツ石明神がある。

棒《ぼう》ノ折《おれ》山（969メートル）　奥多摩町と埼玉県飯《はん》能《のう》市の境界にある山。山頂は公園のような広場となっているが、かつては茅の原であった。

本仁田《ほにた》山（1224・5メートル）　奥多摩駅の北側に大きな山容を誇る山。山頂付近にヌタ場（動物が体表についた寄生虫や汚れを落とす場所）があったことが山名の由来といわれる。

御岳《みたけ》山（929メートル）　青梅市にある山。古くから山岳信仰の対象となっている。山上には武蔵御嶽《みたけ》神社が建立され、御師《おし》の集落がある。

六《む》ツ石《いし》山（1478・8メートル）　石尾根にあるピークのひとつで、水根集落からトオノクボを通って登ることができる。

〈尾根〉

赤杭《あかぐな》尾根　赤久奈尾根とも書く。川苔山から古里《こり》駅まで続く10キロほどの長い尾根。

石《いし》尾根　雲取山から奥多摩駅付近まで延びる、奥多摩山域では屈指の長大な尾根。

稲村岩《いなむらいわ》尾根　鷹ノ巣山から日原《にっぱら》に延びる尾根。尾根の末端に釣り鐘型の巨岩・稲村岩がある。

ウスバ尾根　川苔山から川苔谷の竜王橋に延びる破線（バリエーションルート）の尾根。

大ブナ尾根　御前山からサス沢山（940メートル）を経て小河内《おごうち》ダムに到る尾根。

大休場《おおやすんば》尾根　奥多摩駅から本仁田山へ直接アプローチできる急峻な尾根。

榧《かや》ノ木《き》尾根　石尾根の水根山から派生し、榧ノ木山（1485メートル）を経て倉戸《くらど》山（1169・3メートル）までの尾根。

カラ沢《さわ》尾根　石尾根の城山から日原へ延びる尾根。末端にトゲ山と呼ばれる岩峰がある。

小雲取出合《こくもとりであい》尾根　雲取山の東側に延びる尾根。末端で小雲取谷が大雲取谷に合流する。

ゴンザス尾根　本仁田山からチクマ山（1040メートル）を経て日向《ひなた》集落に到る破線の尾根。

浅間《せんげん》尾根　鷹ノ巣山の西肩から南へ向けて延びる尾根。檜原村にも同名の尾根がある。

滝《たき》ノ平《だいら》尾根　棒ノ折山の東側にあるゴンジリ峠から埼玉県側に延び、飯能市の河又に到る尾根。

鳥屋戸《とやど》尾根　蕎麦粒山から南に派生し川乗橋バス停付近まで延びる破線の尾根。ほぼ中間に笙《しょう》ノ岩《いわ》山（1254・8メートル）がある。

長沢背稜《ながさわ》　東京都と埼玉県の境界を成す稜線で、都県境尾根とも呼ばれる。

野陣《のじん》尾根　小雲取山から東へ延びる尾根。尾根上の登山道は富田新道と呼ばれる。

鋸《のこぎり》尾根　鋸山（1109メートル）から氷川《ひかわ》まで続く尾根。岩場の多い小ピークをいくつか持つ。

ハタゴヤ尾根　天祖山から日原川に向けて延びる尾根。天祖神社の表参道となっている。

花折戸《はなおりど》尾根　本仁田山のゴンザス尾根から西へ分岐して鳩ノ巣へ到る尾根。

ハンノキ尾根　六ツ石山から南に延びる尾根。トオノクボを経て境集落へ到る。

真名井《まない》北稜　大丹波《おおたば》の真名井橋付近から赤杭尾根に突き上げる細い尾根。

山《やま》ノ神《かみ》尾根　石尾根の狩倉山（1452メートル）から北へ小菅《こすげ》集落まで延びる尾根。

ヨコスズ尾根　天目山から日原に延びる急峻な尾根。登り上げたところに一杯水避難小屋がある。

〈谷〉

雨降《あめふり》谷　榧ノ木山から峰谷川へ到る谷で、長久保沢ともいう。直登困難な三つの巨瀑を持つ。

犬麦《いぬむぎ》谷　小川谷支流の沢。タツマの大滝やモリ窪瀑流帯などを秘め、沢登りに人気がある。

海沢《うなさわ》谷　大岳山の北側に発する谷。奥部には東京都指定名勝となっている海沢四滝がある。

大雲取《おおくもとり》谷　日原川の最上流部。左岸の大ダワ林道は崩壊が激しく通行止めになっている。

小川《おがわ》谷　西谷山から南へ延びる狭隘《きょうあい》な谷。日原鍾乳洞付近で日原川に合流する。

川苔《かわのり》谷　川苔山から川乗橋へ到る谷。奥部に落差40メートルの百尋ノ滝がある。

鷹《たか》ノ巣《す》谷　稲村岩尾根の東側に沿う谷。中間部に落差20メートルの鷹ノ巣大滝がある。

孫惣《まごそ》谷　天祖山の東側に沿う日原川支流の沢。右岸は大規模な石灰石採掘場となっている。

滑落

にわか雨の高水三山

待っているはずのメンバーが……

高水三山《たかみずさんざん》という山域がある。行政区域としては青梅市に入るが、秩父多摩甲斐《ちちぶたまかい》国立公園の最も東に位置する山だ。三山とは、高水山、岩茸石山《いわたけいしやま》、惣岳山《そうがくさん》の三つを指し、いずれの山も標高700メートル級の山で登山道もよく整備されており、皇太子殿下（現天皇陛下）が雅子様とご結婚まもなく、お二人で登られた山としても有名である。

山頂には寺や神社などもあり、古くから信仰の山として崇《あが》められ、いまでも小、中学生の遠足や、中高年の登山者が多い。

JR青梅線の軍畑駅*1《いくさばた》から高水山に登り、西に尾根道をたどり岩茸石山のピークに立ち、そこから南に派生する尾根を惣岳山に向かい、惣岳山のピークから青梅線側に下りて、御岳《みたけ》か沢井に下山する青梅線を中心に半円を描くように登るコースが一般的であるが、どのコースをたどっても5時間程度で三山のピークを踏むことができる。

こんなに整備された低山でも遭難死することがあるのだから、自然を侮ることは絶対に許されないことなのだ。

1998年5月17日、青梅線軍畑駅に降りた「Hクラブ」というハイキング仲間28名は、午前9時に登山を開始した。高齢者が中心で、半数は女性であった。

高水山までは順調に登ったが、岩茸石山に向かう途中、高血圧の持病のある男性Tさん（68歳）が、みんなから遅れはじめた。

岩茸石山頂直下には、約5分間の急登がある。Tさんは、その急登を見ただけで戦意を失ってしまった。「体調が悪いので山頂に登らず、南側の巻き道[*2]を行って合流点で待っている」と、リーダーのSさんに申し入れた。Sさんも、雨が降りそうな雲行きでもあり、巻き道は水平道路で10分ほど歩けば岩茸石山から惣岳山に向かう尾根道と合流し、その合流点に大きな岩があるので、そこで待つように指示した。

Tさんと別れたSさんら27名は岩茸石山頂に登りはじめた。山頂は北側が開け、黒山や棒《ぼう》ノ折《おれ》山などが望める。高水三山のうちで唯一展望の利く山頂だ。山頂で昼食をとることとし、めいめいに弁当を開いて食べはじめたが、暗くなった空から突然にわか雨が降りだした。大雨になった。みんなはあわてて合羽《かっぱ》を着込み、弁当もそそくさと食べ終え、急いで下山にかかった。

惣岳山に向け急な下りとなる。5分後、巻き道との合流点に着いたが、待っているはずのTさんの姿が見えない。先ほど、山頂に先着していた2名パーティが下山していったが、突然の雨でTさんも心細くなり、二人に同行して下山したのかもしれない。リーダーのSさんはそう判断し、27名は惣岳山に向けて出発した。

雨に濡れ、パーティの士気は上がらない。惣岳山のピークは踏まず、東側の巻き道を通り御岳まで下山した。御嶽《みたけ》駅にもTさんはいなかった。電車で先に帰宅したのだろうと、Sさんらも電車に乗り、それぞれ帰宅の途についた。

Sさんは帰宅するとすぐ、Tさんの家に電話を入れた。Tさんの奥さんが電話に出て、Tさんはいまだ帰宅していないことを知った。Sさんは直《ただ》ちに仲間と連絡を取り、午後8時40分、青梅警察署に捜索願いを出したものであった。

捜索5日目に涸れ沢で発見

届け出を受けた青梅警察署では、とりあえず近くに居住する山岳救助隊員5名を召集し、午後9時10分、御岳側登山口から捜索に入った。雨はすでにやんでいたが、夜間、ヘッドランプ[*3]の灯りのみでの捜索には限界があった。惣岳山周辺を捜したが、なんの手掛かりも得ることなく午前0時過ぎに当日の捜索を打ち切った。

18日には午前6時から、青梅警察署長指揮で25名の捜索隊を編成し、各コースに分かれて入山し捜索を行なった。しかし日暮れまで手掛かりとなるものはなにも発見できなかった。

19日、20日と警視庁航空隊*4のヘリコプターと、青梅消防署員も参加し、大掛かりな捜索となったがまったく手掛かりなし。

21日、当日のTさんの行動から、もし迷い込むとすれば、青梅線の軍畑駅〜高水山〜岩茸石山巻き道〜惣岳山〜青梅線御嶽駅をつなぐ半円形の内側か、若《も》しくは岩茸石山巻き道の合流点から御岳までのあいだ、尾根を挟む両側の沢であろうと、捜索隊は各沢に入った。私と前田隊員は、軍畑から岩茸石山に直接突き上げる平溝《ひらみぞ》川を遡行《そこう》し、急な詰めを登り巻き道に出て、枝沢を下降した。

次にヤナクボ沢を遡行じ惣岳山に出て、南側の藪《やぶ》沢を捜しながら下降し、そろそろ沢井に出ようとする午後3時10分ごろ、現場本部からの無線を傍受した。

今日《きょう》、Tさんの息子さんからの要請で、地元で山仕事をしているMさんも捜索に加わっていたのだが、そのMさんが岩茸石山の西側で、Tさんの帽子を発見したので、すぐ現場に急行されたいとの連絡が入った。

私も前田隊員も山頂まですでに2往復しており疲れてはいたが、5日目にして初めてTさんの手掛かりの発見に気をとりなおし、現場に向かった。惣岳山を巻き、岩茸石山巻き道の合流点を越え100メートルほど急登すると、いったん尾根が平らになったところがある。そこで息子さんとMさんが、発見した帽子を持って私たちを待っていた。

帽子はこの台地状になった東側の急斜面に引っ掛かっていたという。私は前田隊員を連絡役として尾根上に残し、Mさんと一緒に帽子の落ちていた急斜面を下った。ガレ場[*5]を50メートルほど下ったところに帽子は落ちていたという。確かになにか滑り落ちた痕跡はあった。さらに進むと急な涸れ沢となり、大丹波《おおたば》川まで切れ落ちているものと思われた。

私とMさんは、涸れ沢を慎重に下った。さらに100メートル下った岩陰に煙草の空き箱があった。Tさんはこの急な涸れ沢を大丹波に向かって下ったのであろうか。そして、さらに200メートルほど下ったところにTさんはいた。岩のガレ場で、仰《あお》向《む》けに寝るようにして事切れているのを私が発見した。リュックは肩から外して体の脇に置いてあった。額のあたりに擦り傷があり、上衣がめくれて腹が少し出ていた。Mさんは「まあまあ、かわいそうに、なんでこんなところに降りてきたのか」と言いながら、腹を隠してやっていた。

私は尾根上の前田隊員にTさんを遺体で発見したことを無線で連絡した。

とりあえずTさんのリュックを背負い、私とMさんは右側の支尾根に取り付き、ブッシュ[*6]をつかみながら尾根上に登った。上で待っている息子さんにリュックを見せると、「父親のものに間違いありません」と言った。

応援部隊も到着し、尾根からザイル[*7]を張り、遺体を収容袋に納めたが、すでに日没。急な沢の中での作業は危険極まるため、息子さんの了解を得て収容作業は明日《あした》にすることとし全員下山した。

22日、早朝より収容作業は再開された。航空隊のヘリコプターを要請し、遺体を見通しの利く高台まで50メートルほど引き上げ、まわりの木を切りヘリを待った。樹木の多いV字状の谷からの引き上げは、ヘリにとっても容易な作業ではない。到着した航空隊のヘリは、ギリギリのホバリング[*8]で遺体をホイスト[*9]で吊り上げ無事収容した。

リーダーの判断に問題はなかったか？

6日間にわたる救助活動であったが、最悪の結果に終わってしまった。原因を私なりに推理してみる。当日、Tさんは合流点に着いて下山してくるみんなを待った。そのうち強いにわか雨が降りだした。心細くなったTさんは、無理してみんなのいる山頂に向かった。やっとのこと高台に着いて、小用をたそうとしたのか、なんらかの原因で大丹波側の急斜面に約50メートル転落、頭を強打し、登り返すことができない。大丹波に向けて涸れ沢を下降。約400メートル下って力尽きた。このような結末ではなかったか。ちなみにTさんの死因は「頭蓋骨陥没、脳挫傷」。それにしてもよくあそこまで頑張って下ったものだと思う。

リーダーには責任がなかったか。体調の悪い者をサポートもつけず、たとえ短い距離だったとしても一人で行動させるのはリーダーのとるべき判断ではない。

中高年登山がブームになり、リーダーの資質が問題化されている。なにもなく下山できればリーダーなど持ち回りでだれがやっても問題はない。しかしパーティ登山の場合、なんらかのアクシデントがつきものである。ケガ人が出たり、悪天候に見舞われたり、道に迷ったりと、非日常的事態に直面すると人間は情けないほど自制がきかなくなる。ここに至って初めて登山におけるリーダーの重要性が生まれる。

ここで私が「リーダーとはいかにあるべきか」などと論ずるつもりはないが、近ごろの遭難事故を見るに、あまりにも初歩的判断ミスの多いリーダーが目立つ。高度なリーダーシップを期待したい。

それではメンバーシップはどうか。Tさんの場合、高血圧の持病がありながらパーティ登山に参加した。そのことはリーダーであるSさんも知らなかったことだろう。自分の体は自分が一番よく知っている。高水三山とはいえ、公園で花見をするようなわけにはいかない。途中で自分がブレーキとなれば、パーティ全員に迷惑がかかるのだ。「連れていってもらう」という他人依存型の登山者が増えてきたことも事実だ。

今回のような事故が増えてくれば、社会的にも登山者の資質が問われるのは目に見えている。

＊1 **青梅線** 東京都西部を走るJR線。立川駅から拝島《はいじま》駅、青梅駅を経て、奥多摩駅が終点。

＊2 **巻き道** 本線から迂回する脇道。

＊3 **ヘッドランプ** 頭に着けて使用する照明具。山用語では「ヘッ電」などと呼ぶ。

＊4 **警視庁航空隊** 警視庁地域部に所属しヘリコプターによる各種警察活動を任務とする部隊で、2014年現在大小14機のヘリを有している。「おおとり」号はベル式412型で救助活動に優れる。

＊5 **ガレ場** 岩や石がゴロゴロと転がっているところ。足元が不安定で歩きにくい。

＊6 **ブッシュ** とくに低木の茂みや藪のこと。

＊7 **ザイル** ドイツ語でクライミング・ロープのこと。

＊8 **ホバリング** ヘリコプターが空中で停止、静止している状態のこと。

＊9 **ホイスト** ヘリコプターに装備された救助用の巻き上げ器具。

春先の大岳山に潜む危険

滑落したまま一夜を明かす

2000年3月23日の夕方、高水三山の惣岳山から、捻挫したちょっと太目の女性を背負い下ろし、奥多摩駅前で一杯やって夜遅く家に戻ったら、仕事場から電話があり、日帰りで大岳山《おおだけ》に登った都内S区に住む72歳の男性が夜になっても戻らず、明朝7時から捜索するというものであった。夕方から雨が降りだしていた。気温は高いが久しぶりの本降りとなった。

翌24日朝、雨はあがっていた。遭難者は山中のどこであの大雨をしのいだのだろうか。遭難者Kさんは医師で、毎週のように日帰りの山に登っており、下山した際はかならず電話で連絡があったという。昨日《きのう》は御岳山から大岳山を往復すると言って出かけたが、夜になっても連絡がなく、心配した家人が午後10時40分になって青梅警察署に捜索を依頼してきたものであった。

翌朝、奥多摩交番[*1]に集合した山岳救助隊は3個班に分かれ、午前7時から捜索を開始した。

第1班と第2班の2個班はケーブルカーで御岳山に登り別ルートで大岳山まで捜索、私は中村隊員と海沢《うなざわ》探勝路を登り大岳山まで捜索することとした。また消防の捜索隊は大ダワ[*2]から大岳山を目指している。警備本部は御岳山の消防団詰所に設けた。

私と中村隊員は、今年「東京都指定名勝」として東京都の文化財に指定された海沢四滝[*3]を通り、1時間30分ほどで大岳山頂に出たが、遭難者の通った形跡はなかった。大岳山頂は深いガス[*4]のなかであった。昨日は雨のため、どの山も霧にスッポリ覆われて視界が利かない。ほかの班に無線で連絡を取ると、第1班は先日も滑落事故があった大岳山荘[*5]近くの岩場を、ザイルを使い下降して捜索しており、第2班は奥ノ院経由で大岳山頂に向かっているらしい。大岳山の東側はいま捜索している2個班に任せ、私と中村隊員は西側の鋸《のこぎり》山に向かい、鋸尾根を氷川《ひかわ》まで捜索する旨を警備本部に無線で連絡し、山頂を離れた。

先ほど登ってきた海沢探勝路の分岐を過ぎると、ガレた岩場に出る。まだ凍っている場所もあるので慎重に下る。途中で大ダワから登ってきた消防の山岳救助隊と出会い、捜索状況を連絡し合っていると、第1班から警備本部に至急の無線が入った。

「崖の下からKさんと思われる声がするのを確認した」というものであった。「オッいたぞ！」。私たちはすぐ反転し、消防山岳救助隊とともに大岳山頂を越え、現場に向かった。急いだので20分ほどで現場に着いた。

すでに第1班も現場におり、ザイルで2名が下降し、Kさんであることを確認したという。第2班が山頂に向かう途中、登山道の下にタオルが落ちていたので、下に向かって「おーい」と叫んだところ、「助けてくれー」と、かすかに人声が聞こえたという。

私もすぐザイルで下降した。急な岩場を50メートルいっぱい懸垂下降[*6]すると、隊員に介抱されているKさんがいた。比較的元気そうなので安心した。「よかったですねえ。どこかケガしていますか？」と聞くと、「右手首骨折、右下腿部打撲、左膝捻挫、肋骨骨折、頸椎《けいつい》捻挫」等と答えた。ウーンさすがは医者だ。

Kさんは昨日大岳山に登り、下山途中、午後1時ごろこの上の鎖場《くさりば》にさしかかり、鎖をつかまないで飛び降りたところ、勢い余ってそのまま南側の斜面を滑落した。ところどころに大きな岩が出ていたが、運よくそれらで頭を打つことなく、約60メートル落ちて止まった。しかし体の方々が痛み、とても登り返すことは無理であった。

大声で叫んだが誰も気づいてくれる人はいないまま夜になった。持っているものをすべて着込み雨具を着けた。夜になって雨が降りだした。それも大雨である。Kさんはうずくまったままジッと耐えた。明け方に雨はやんだが、まんじりともできなかった。救助隊が来てくれるかどうか心配だった。午前9時40分ごろ、上から救助隊の声が聞こえたときは本当にうれしかったと話した。

私が「Kさん、70歳を過ぎたらもうそろそろ単独行はやめて、気の合った友達と登ったほうがいいですよ」と言うと、「そうですね、私も今回の事故でつくづくそう思いました。でも一緒に登ってくれる人がいないんですよね」との答えが返ってきた。

救急隊の応急手当てのあと、Kさんを担架に乗せ、ザイルを使い60メートルを登山道まで人力で引き上げた。ヘリを呼んだのだが視界が悪く飛びそうもない。御岳山まで登山道を担架で搬送することにした。1時間ほど搬送すると霧が晴れ、上空に消防のヘリが飛んできた。見通しのよいところで、担架をヘリに吊り上げ無事病院に収容することができた。

凍ったガレ場で少年が滑落

二日後の3月26日、朝出勤すると早々消防署から電話で、大岳山で少年が滑落したとの救助要請があった。場所は大岳山から鋸山に向かう縦走路だという。

すぐ救助隊員を召集し、集まった5名で出発した。滑落したとなれば、海沢探勝路分岐の西側、ガレた岩場であろう。滑落しそうな場所はあそこしかない。鋸山林道を大ダワまで車で登り、そこから徒歩で大岳山に向かった。鋸山の南を巻き縦走路を飛ばす。消防が先発しているはずだ。

40分ほどで現場に着いた。思ったとおりガレた岩場の下である。先着した消防救助隊が下で作業をしていた。私もザイルを伝って下に降りた。遭難者はH君（13歳）、中学生だ。昨日、近所のおじさんと御岳山から大岳山荘まで来て宿泊し、今朝大岳山頂を経て鋸山をたどり氷川に下りる予定であったという。

顔面挫創が痛々しい。右下腿部を骨折しているらしい。意識はしっかりしており、口もきくことができた。「頑張れよ」と声をかけると、コックリとうなずいた。

ガレ場から約70メートルほど滑落したという。登山道まで担架をザイルで引き上げる。消防が要請したヘリがやってきた。登山道の上には木の枝が覆いかぶさり、適当な吊り上げ場所がない。やむを得ず登山道脇の雑木を少し伐採させてもらい、空間を作った。その空間から担架を吊り上げ、遭難者をヘリに収容し病院に運んだ。

私はガレた岩場まで登ってみた。やはり土が凍っている。不慣れなためここでスリップして滑落したものだろう。

3月に入って大岳山での滑落事故は、これで3件目だ。いずれも一歩間違えば死亡事故につながるような距離を滑落している。冬と春が交錯したこの季節は、初心者には難しい時期なのだ。

＊1 **奥多摩交番**　奥多摩町唯一の交番で、山岳救助隊の本部となっている。現在は青梅街道に面しているが、２０１３年までは奥多摩駅と青梅街道を結ぶ通り沿いに建っていた。

＊2 **大ダワ**　タワは尾根・稜線などが大きくたわんだところの意。タオ、タルミなどともいう。本項の大ダワは鋸山西側の鞍部を指すが、奥多摩にはほかに雲取山の北側や本仁田《ほにた》山の北側に大ダワと呼ばれる場所がある。

＊3 **海沢四滝**　海沢谷の三ツ釜の滝、ネジレの滝、大滝、不動の滝の総称。不動の滝までは歩道が整備されていないので、これを除いて海沢三滝ともいわれる。

＊4 **ガス**　霧のこと。この場合は「霧がたちこめて」「もやがかかって」といった意味。

＊5 **大岳山荘**　大岳山の山頂直下にあった山小屋。２００８年3月に閉鎖された。

＊6 **懸垂下降**　ザイルを使って下方へ降りていくこと。

御前山のダブル遭難

尾根道からカタクリ見物の女性が転落

カタクリ[*1]の群生地として知られる御前山《ごぜん》は、シーズンの休日ともなると、一日に1000人近い登山者が訪れることもある。観光バスを仕立ててくるツアー登山者もいるので、昼どきになると東西に細長い山頂付近は混み合い、座る場所もない。しかし、カタクリの名所といっても、1500メートル近い山なのだから、手植えされたシバザクラやコスモスの畑でも見にいくような安易な気持ちで登られても困るのだ。

2004年4月22日、私が立川で行なわれた定期健康診断に行って、奥多摩交番に戻ったのはちょうど正午ごろである。

交番に着くと、渡辺隊員が慌ただしく山の準備をしている。「なにかあったのか」と聞くと、「御前山から月夜見《つきよみ》第二駐車場に到る尾根道から女性登山者が50メートル転落し、五日市警察署に110番通報があった」と言う。

五日市署の山岳救助隊が出動準備をしているというが、奥多摩周遊道路[*2]を車で月夜見山下の駐車場まで登り、そこから御前山に達する比較的起伏のない稜線の登山道は、カタクリの咲くこの時期になると、中高年登山者で賑わう。あの稜線で転落しそうな場所といえば、惣岳山と小河内《おごうち》峠のあいだの稜線が狭まった、小さなアップダウンがあるあの1カ所が考えられる。稜線が署境となっているから、あそこから転落したとなると、小河内ダム側の斜面が切れ落ちているので、青梅署管内が有力だ。とりあえず、小河内地区の駐在所員、[*3]前川隊員と佐藤隊員に先発するように指示し、奥多摩消防署にも「五日市署管内で110番が入ったが、青梅署管内の可能性もあるので、うちも出る」旨の連絡を入れ、山支度を急いだ。

午後0時25分、私と渡辺隊員は山岳救助車[*4]に乗り、周遊道路の月夜見第二駐車場まで飛ばした。月夜見第二駐車場では五日市署山岳救助隊の後藤隊員が入山準備をしていた。

午後1時入山。重荷を背負って稜線を飛ばす。先着した佐藤隊員から連絡が入り、女性登山者はやはり小河内ダム側の急斜面を約70メートル転落しており、青梅署管内と判明した。意識はあるが相当の重傷の模様だ。私は警視庁航空隊にヘリのスタンバイを要請した。小河内峠を過ぎたころには消防のヘリがすでに上空に飛来していた。

現場に到着すると、稜線に前川隊員が待っており、下に降りた佐藤隊員と連絡を取り合っていた。急斜面の木のあいだから下にいる何人かが確認できた。私は真上から降りるのは落石の危険があるので、20メートルほど西側の、傾斜がいくぶん緩い場所にザイルをセットして下降した。

50メートルザイルいっぱいでは足りず、ブッシュにつかまりながら遭難者の場所まで下った。現場にはT市在住の遭難者Kさん（57歳）と、Kさんの夫、それに先着した佐藤隊員が待っていた。現場は急なガレ場で崩れやすく、Kさんは頭を上にして、立ち木にズリ落ち防止のビレー[*5]を取り横たわっていた。

小柄な女性だ。背負って稜線まで上げられるかなと思ったが、首と腰を強打しているとみえて、少し動かしただけでも「痛い、痛い」と声を上げる。脊髄《せきずい》などの損傷があれば担架で上げるしかない。左目のあたりは紫色に腫れあがり、声をかけるがとても話ができる状態ではない。

Kさんの夫の話によると、今朝二人で御前山のカタクリを見に、周遊道路の月夜見第二駐車場に車を停め、午前8時15分に入山した。稜線沿いにカタクリを見ながら午前11時ごろ、御前山山頂に立ち、元来た道を下山しはじめたが、午前11時45分ごろ、夫の後について歩いていたKさんは、石につまずき転倒、ダム側の急斜面を転落していった。夫は上から大声でKさんの名前を呼んだが返事はないので、傾斜の緩いところを選んでここまで下ってきて、倒れているKさんを発見したものであった。そして稜線を通りかかった登山者に、大声で山岳救助隊の要請を依頼したのだという。

Kさんの容態では、一刻も早く病院に運ぶ必要がある。まもなく消防の救急隊員も到着するはずだ。私はKさんの耳元で「救急隊が来たらヘリで運ぶから、頑張れ」と言い置き、ここは佐藤隊員に任せ、稜線に登り返した。

上にいた前川隊員に、50メートルザイル1本では下まで届いていないので、もう1本張るように指示した。

目と鼻の先で転倒事故発生

午後2時、登山者が一人走ってきて「この先で男性登山者が、足を骨折して救助を求めている」と別件の事故連絡がもたらされた。私と渡辺隊員は、その確認のため惣岳山方向に走った。

稜線を100メートルほど行ったところに男女数人の登山者がおり、座り込んでいる男性が我々の姿を見、「いやあ、悪い悪い、足首が折れたようだ、申し訳ない」と元気な声で言った。骨折したのは本人らしい。

男女4名でカタクリを見に御前山に登り、月夜見第二駐車場に下山中、都内H市在住Sさん（65歳）が稜線上で転倒、左足首を骨折したというものであった。「悪い、悪い」を連発するSさんの足首は腫れているが、至って元気なようだ。このくらい元気があれば大丈夫だ、重体の転落者のKさんのほうが先だ。

五日市署員や消防の救助隊も登ってきたので、Sさんはこの先のピーク「ソーヤの丸デッコ」まで背負い上げ、ヘリにピックアップするよう渡辺隊員に任せ、私は転落現場に戻った。

Kさんが転落した稜線には奥多摩消防署の救助隊員も到着していた。救急隊長に現場の様子を話し、すぐ降りてもらうよう要請した。原島救急隊長はいま到着したばかりで息が上がっていたが、すぐ下る準備をした。担架も降ろされた。

私は救急隊長の救急用具のザックを背負い、一緒に下降した。ザイルにエイト環[*6]を着けて70メートル下降し、現場に到着した。Kさんは先ほど「痛い、痛い」と発していた声もなく、相当に弱ってきているのがわかる。早急に引き上げる必要があった。救急隊が応急処置をしているあいだに担架の準備をする。

足場の悪い急斜面で、ポリネック[*7]で首を固定されたKさんを担架に縛着《ばくちゃく》する。稜線には消防の応援部隊も大勢到着し、ザイルウインチ[*8]もセットされた。

午後3時05分、Kさんの引き上げにかかる。担架の前後左右に隊員がつき、稜線でウインチを巻き上げる。私は足元を持ち上げ、担架のバランスを取る。ゆっくりと引き上げ、午後3時40分、Kさんを稜線まで上げることができた。

Kさんはそれから稜線上を小河内峠方向に約200メートル担架搬送し、開けたピークから午後4時12分、消防庁のヘリにピックアップされ、青梅市立総合病院に運ばれた。

一方、ソーヤの丸デッコまで担ぎ上げられたSさんの上空には警視庁航空隊のヘリ「おおとり3号」が到着し、午後2時40分、気流はきわめて悪いがホイストにチャレンジするとの情報が入っていた。その後、午後3時15分にピックアップし、立川の国立災害医療センターに運んだという。

こんな同じところでのダブル遭難もめずらしい。もし片方が雲取山や川苔《かわのり》山などだったら、部隊を二分しなければならず、それだけ時間もかかったことだろう。また開けた防火帯[*9]の稜線上であったことも幸いした。防火帯のない樹林帯の尾根や、山に深く食い込んだ沢などであったら、ヘリが使えず、下まで人力による搬送を余儀なくされたところだ。

先日、埼玉県警の飯田副隊長から電話があり、この春、和名倉山の沢で遭難死した登山者の遺体を、下まで降ろすのにヘリが使えず、3日間かかって引き降ろしたと聞いた。

今回のダブル遭難はヘリの機動力をまざまざと知ることのできた事案であった。

＊1 **カタクリ** ユリ科カタクリ属の多年草で、その美しい姿から「春の妖精」と呼ばれる。古語では「堅香子《かたかご》」。

＊2 **奥多摩周遊道路** 都道206号線のうち、奥多摩湖南から檜原《ひのはら》へ到る約20キロの道。春にはサクラ、秋には紅葉が見られ、眼下には奥多摩湖が広がる。夜間は通行止め。

＊3 **駐在所員** 交番が交替制であるのに対し、駐在所員は官舎を兼ねる駐在所に家族とともに住居し、地域と交流しながら警察業務を行なう。青梅警察署管内の駐在所は28カ所あり、そのうち奥多摩町内にある10カ所の駐在員と青梅市内の御岳、沢井の2駐在所員が山岳救助隊員に指定されている。

＊4 **山岳救助車** 救助用の資器材を積載した四輪駆動の自動車。

＊5 **ビレーを取る** ザイルを使用して安全確保をすること。

＊6 **エイト環** 懸垂下降に用いる8の字型の金属製の道具。ザイルに通し摩擦を生じさせて速度を調節する。

＊7 **ポリネック** 頸椎用の固定具。

＊8 **ザイルウインチ** 動力を使ってザイルを巻き上げる機材。

＊9 **防火帯** 山火事が燃え広がらないように伐採された地帯。

本仁田山の「ガンバッタさん」

遭難者が自力下山

1999年5月10日の午前9時20分ごろ「山でケガをした登山者が下りてきた」との110番通報があった。私はすぐ交番勤務員と現場である奥多摩工業の構内にジープで向かった。すでに遭難者は救急車に乗せられていたが、意識はハッキリしており、右腕の骨折、全身打撲などの相当ひどいケガのようだった。

女性遭難者Yさん（42歳）は5月5日（こどもの日）に、川苔山に登り、本仁田山経由で大休場《おおやすんば》尾根を氷川に下山中、40メートルほど滑落し右腕を折るなどして動けなくなった。昨日、やっとのことで除ヶ沢《よげ》まで下りてきて、今朝、地元のTさんに発見された。なんと着の身着のままで5日間も山の中にいたことになる。

発見者である地元でワサビ農業をしているTさんに話を聞いた。Tさんのワサビ田は、本仁田山から安寺沢《あてら》に下りる大休場尾根と日向《ひなた》集落に下りるゴンザス尾根に挟まれた除ヶ沢の上流にある。

今朝Tさんは午前8時ごろワサビ田見回りのため除ヶ沢を登りだした。除ヶ沢は初級の沢登り対象の沢であるが、沢沿いにワサビ田に登る仕事道[*1]がついている。Tさんがその仕事道を20分ほど登っていくと、上のほうから登山者らしい女性がフラフラと下山してくるのを発見した。近づいてみると、その女性の顔は傷だらけ、服装はドロにまみれて、やっと歩いているという風であった。

Tさんが「どうしたんだ」と声をかけると、弱々しい声で「助けてもらえないかしら」と言って、いままでのいきさつを簡単に話した。Tさんは「救助隊を呼んでこようか」と言うと、女性は「下まであとどのくらいかかりますか」と聞くので「20分くらいだ」と答えると、「それじゃ、なんとか歩けますので手を貸していただけますか」と言った。Tさんは了解し、段差のある場所や狭いところでは女性に手を貸してやり、ゆっくりと歩き1時間ほどかかり奥多摩工業の事務所まで下山した。そこから119番をかけ、救急車を要請したというものであった。

5日間の戦い

Yさんは都内A区に住む会社員、独身で10年ほど前から山登りに親しんでいる。冬場を除いて月に2～3回、低山を中心に奥多摩や丹沢などの山々を歩いている。

5月5日、昨日の雨はあがって青空が出ていた。Yさんは朝早く自宅を出て川苔山を目指した。午前9時15分奥多摩駅に着いて、バスで川乗橋まで行き、林道を細倉橋まで歩いた。そこから沢沿いに百尋ノ滝《ひゃくひろのたき》[*2]を通り、12時30分川苔山頂に立った。川苔山には何度か登っているYさんだが、女性の足にしては早いほうである。

山頂で昼食をとり、まだ時間が早いので本仁田山経由で奥多摩駅に下山することにした。本仁田山はまだ登ったことがない。

午後3時、本仁田山に着いた。そこから大休場尾根を安寺沢の方向に下る。左にゴンザス尾根を分けると、急な下り坂となる。10分ほど下ったところで道が怪しくなってきた。立ち木に赤テープが巻きつけてあるから大丈夫だろうと思い、足を踏み出したとたん、フワッと落ち葉が沈み、Yさんは前のめりに急斜面を転がり落ちた。何度転がったろう、体は止まったが、そこも急な斜面で、ズルズルと滑り落ちていくので、近くの大きなカエデの木につかまり、そのカエデの根元に這い上がった。

どのくらい落ちたのかはわからないが、40メートルは落ちたようだ。転がる途中何度か岩にぶつかったときに折れたのか、右腕がまったく利かない。足からも相当の血が流れている。もう登り返すことはできない。また下ることも不可能なようだ。上の大休場尾根を通る登山者がいたら助けを呼ぼうと思い夕方までジッと待った。しかしだれも通ったような気配はなかった。

このときからYさんの戦いははじまる。夜の寒さ、傷の痛み、恐怖感、孤独感、空腹、渇き、睡魔などに耐え、4日4晩その狭いテラス*3で過ごすことになるのだ。

翌6日、大気が不安定だった。午前中、雷鳴が轟《とどろ》きビー玉ほどもある霰《あられ》が降った。それがやむと雨に変わった。雨具を着込みジッと耐えた。ペットボトルの水も食料も、昨夜で尽きた。あとは登山者が通りかかって見つけてもらうだけ。ストックでカエデの木を叩きながら助けを呼び続けた。Yさんは一人住まいだから、だれも捜索願いを出してくれる人はいない。会社の人だって「ゴールデンウイークだから、旅行にでも行ってるんだろう」くらいにしか思っていないだろう。

6日、7日とだれも通らなかった。8日は土曜日、9日は日曜日だから、その日に期待するほかなかった。横になるスペースはないから、不安定な場所で、立ったり座ったりするしかない。夜は岩に背をもたれ掛けウトウトすることはあったが、とても熟睡できる体勢ではない。

土曜日、日曜日になっても人の声は聞こえなかった。天気は好かったのだから大休場尾根を登山者が通らなかったはずはない。きっと地形の関係で、どちらの声も聞こえなかったか、思ったより下まで落ちたのだろう。9日、日曜日の午後4時まで待ったが、ついに人の声は聞こえない。Yさんは「このままでは本当に死んでしまう」と思い、意を決する。

上に登り返そうと思ったのだが、右腕がまったく使えず、この急斜面で木につかまることもできない。下るのは危険とわかってはいたが、このまま死を待つよりはいいと、沢に下ることにした。4日間も同じ体勢でいたせいか、足元もおぼつかない。急な斜面を10メートルも滑り落ちたり、転げ落ちたりしながら下った。

午後6時30分、ついに除ヶ沢（本人は安寺沢だと信じていたのだが）まで下降した。水が流れていた。ゴクゴクと腹いっぱいになるまで飲んだ。何日かぶりで飲む「水がこんなにうまいものと初めて知った」と、ほとんどの遭難者は言う。そしてYさんは立ち上がりヨロヨロと下に向かって歩きはじめた。しかしワサビ田の下あたりで日は暮れた。沢の中での5回目のビバーク[*4]は、いままでのどれよりも寒く、つらい夜だったという。それでも仕事道に出られたことは、そこを下れば生につながることが保証されたも同じだったから、Yさんは頑張った。

5月10日、朝になった。Yさんは歩きだした。最後の力を振り絞り、数歩行っては休み、段差のあるところでは尻をついて降り、そしてまた歩き、下から登ってきたT

さんを見つけたときにはフッと気が抜けたように感じたという。

Yさんは Tさんに連れられて除ヶ沢を下り、救急車で奥多摩病院に運ばれた。そして右上腕骨折、右下腿部挫創、全身打撲などの診断を受け、そのまま入院。体中が青《あお》痣《あざ》だらけだった。

私は医師の処置が終わってから、病室でYさんに入山からの経緯を聞いた。声は小さかったが、彼女の意識はしっかりしており、記憶も明確だった。「頑張ったネ」と声をかけると「コックリ」とうなずいた。久しぶりの「ガンバッタさん」に逢えた。

耐え抜く意志が生還に導く

あんな重傷を負いながら、5日間も山の中に飲まず食わずでいて、なぜ彼女は生還できたのだろう。Yさんは楽観的な性格なのかもしれない。焦らず、あわてず、同じ場所でジッと登山者を待った。日曜日の夕方になってやっと「このままでは本当に死ぬかもしれない」と下山を決意したのである。気の小さい人なら焦って動き回り生還はおぼつかなかったかもしれない。

そしてYさんは意志が強かった。耐えぬく意志。Tさんが「救助隊を呼ぼうか」と言っても自力で下山したことをみてもわかる。プライドもあるのだろう。軽い捻挫をしたくらいで救助隊を要請し、担架を出すとサッサと乗り込み、テコでも動かないぞという態度をとるわがままな登山者に聞かせてやりたい話だ。

女性と男性を比較すると、道に迷ったり、滑落したりのアクシデントに遭っても、女性のほうが強いような気がする。チョコレート1枚で10日間も生きていたりするのは大体女性のほうだ。その点男性は非日常的事態に直面すると以外と脆《もろ》いのかもしれない。

Yさんはいま、奥多摩病院に入院している。都心の病院などより、新緑の山々が見える奥多摩で治療できることはいいことだ。傷の経過も、きっとよい方向に向かうことだろう。

＊1 **仕事道** 林業、ワサビ栽培などの山仕事用に作られた細道。単に「山道」ということもあり、「登山道」とは区別する。

＊2 **百尋ノ滝** 川苔山の山中、日原川《にっぱら》に流れ込む川苔谷上流部にある落差約40メートルの滝。水量も豊富で、新緑や紅葉の隠れスポットでもある。

＊3 **テラス** 岩場の棚状に平らになったところ。腰を下ろせるくらいの広さ。

＊4 **ビバーク** 小屋やテントなどを使用せずに露営すること。

青梅マラソンの日、川苔山に死す

雪の川苔山から帰らぬ登山者

奥多摩の春は遅いが、それでも「青梅マラソン」のころになると、いくぶん春の気配が感じられるようになる。三寒四温の季節である。

今年（1999年）の青梅マラソンの日、2月21日は朝から好い天気で、絶好のマラソン日和に恵まれた。私の通勤電車JR青梅線も、登山客と青梅マラソン参加者で満員だった。当日私は、折り返し地点で警備に当たったのだが、ランナーとして参加した伊藤救助隊長も元気に折り返していき完走した。夕方になって日が陰りはじめると急に気温は下がり、奥多摩の町中でも風花が舞った。

翌22日の朝、警視庁H警察署に地元に住む女性から、「夫のKが昨日川苔山へ日帰り予定で登ったのだが、今朝になっても戻らない」と捜索願いが出された。

朝9時30分に、H警察署少年係から奥多摩交番へ連絡があったのだが、応対したのが交番の勤務員であったため詳細がわからず、私はすぐKさんの奥さんに電話を入れ詳しく事情を聞いた。結果は次のようなものであった。

○Kさんは昨日、青梅マラソンの日「川苔山に行ってくる」と奥さんに言い置き、午前9時過ぎに一人で家を出た。

○登山歴は30年ほどあるが、ほとんどが日帰りで近郊の山を一人で登っていた。雪山の経験はない。

○奥多摩には何度か来ている。雲取山にも2回登っているが、川苔山は初めてである。

○当日、おにぎりとお茶を持っていったが、照明具、発火具、アイゼン、*1 シュラフなどは持っていかなかった。

○ガイドブックを持って出たが、川苔山のどのコースを登ったかはわからない。

○性格は慎重な人で、無理はしないと思う。

私はKさんの奥さんに、山でビバークをしてお昼ごろまでに戻ってくるケースが多いので、そのまま家にいてKさんからの下山連絡を待つように指示した。

午前11時に再度電話を入れたが連絡はないという。私は週休で駐在所にいた前田隊員を呼び出し、雪が積もると最も危険性があると思われる川苔谷の、細倉橋から百尋ノ滝までのあいだを捜索することにした。

登山道には5センチほどの雪が積もり、踏み跡はアイスバーン[*2]状で軽アイゼンを着けなければ危険な状態であった。アイゼンを着け、川苔谷を入念に捜索しながら登っていった。午後0時40分、百尋ノ滝に着いたが、滑落したと思われる痕は発見できなかった。まだ時間が早いので川苔山頂に登って、東の肩[*3]にある小屋[*4]と、鳩ノ巣登山道にある杣《そま》小屋を捜索することとし、足毛岩の肩からウスバ尾根を登った。北側の登山道には20センチほどの積雪があり、ウスバ尾根にもトレース[*5]はあった。東の肩の小屋を捜索したが宿泊した形跡は認められなかった。そのまま舟井戸《ふないど》経由で鳩ノ巣方向に向かい、途中にある杣小屋も捜索したが、人の入った形跡はなかった。午後4時40分、私と前田隊員は鳩ノ巣に下山し22日の捜索を打ち切った。

翌23日は山岳救助隊員を3名ずつ3個班に分け主要登山道を登り、人が通ったトレースのついているところはさらに分かれ捜索をすることとした。消防の救助隊も参加した。また空からは警視庁航空隊のヘリコプター2機も捜索に加わった。

私は有馬、山内両隊員と大丹波側から獅子口小屋跡を経由し山頂に登り、赤杭《あかぐな》尾根を古里《こり》に下りるコースを捜索した。北側にあたるこのコースには20センチほどの積雪があった。曲《まがり》ケ谷《や》北峰は稜線と巻き道とに分かれて捜索。昼ごろ、東の肩の小屋でほかのコースで登ってきた捜索班と落ち合った。

下山も本仁田山のほうまで捜索範囲を広げ、それぞれのコースに分かれて捜索をした。私たち3人は曲ヶ谷北峰まで戻り、赤杭尾根を下りはじめたが、曲ヶ谷沢に降りる登山道にもトレースがあったので、そこは私が捜索しながら下ることとし、赤杭尾根コースの二人と分かれ、一人で曲ヶ谷沢を下った。

午後4時50分ごろ、すべての捜索班は下山したが、なんの手掛かりもつかむことができなかった。山岳救助隊本部のある奥多摩交番には、Kさんの奥さんと息子さん、それにKさんの会社の人が数人来て待っていた。

私は昨日と今日の捜索結果を報告した。

○川苔山には雪が積もっているので、足跡のついている登山道はすべて捜索したが発見することはできなかった。
○雪にトレースがあるので、ケモノ道に入るなど、道に迷うことは考えられない。
○家を出た時間が遅かったので、ほかの山に登ったことも考えられる。
○ヘリを投入して空からも捜索したこと。また明日は警備犬[*6]も捜索に加わること。
○明日はもう一度、危険箇所である細倉橋から百尋ノ滝までの沢の中を、ウエットスーツを着けて捜すこと。赤杭尾根のガレ場をザイルで下降して捜すこと。また過去に二度ほど登っている棒ノ折山まで捜索範囲を広げる。

等を説明し、「我々も一生懸命捜すので、皆さんも気を落とさず待つように」と話すと、家族らも納得し、「よろしくお願いします」と言って引き上げていった。

赤杭尾根で遭難者を発見

翌日24日、天気予報では昼過ぎから雷になるとのことだった。捜索班を3個班に分け、それぞれの危険箇所の捜索を開始した。私は有馬、渡辺の両隊員と、過去にKさんが二度登っている棒ノ折山から高水三山を経て御嶽駅までの最も長いルートを行くことにした。警備犬は2頭参加し係員と百尋ノ滝周辺の捜索に当たった。

私たちは午前10時過ぎに棒ノ折山頂に到着した。積雪は少なかった。一休みしたあと、高水三山方向に移動をはじめてまもなく、赤杭尾根の危険箇所であるガレ場をザイルで下降して捜索している第3班の最古参吉村隊員から無線連絡が入った。「登山道からガレたルンゼ[*7]を約50メートル降りたところで、遭難者の身分証明書を発見した」というものであった。

私たちは反転し、いま登ってきた道を飛ぶように下った。25分で百軒茶屋まで降りた。呼んであった救助車に乗り込み、赤杭尾根の登り口である古里に向かった。雲に覆われた空からは雪が降りだしていた。

登山口に下りてきていた山内隊員は、沢から回り込んだほうが早いかもしれないと言って有馬隊員と沢を登っていった。私と渡辺隊員はバスケット担架[*8]や１００メートルザイルなどを背負い尾根を登った。降りだした雪は登山道を白くしていた。赤杭尾根を40分ほど登ると滑落したと思われるガレ場に到着した。

現場には吉村、若松両隊員が待っていた。細くなった登山道の西側はスッパリと切れ落ちたルンゼ状であり、ザイルで下降したら50メートルのところに遭難者のタオル、帽子、身分証明書などが引っ掛かっていたという。ザイルが足りず、まだ遭難者の確認はできていない。私は持ってきた１００メートルザイルをセットし、50メートルザイルを担いで下降した。１００メートルいっぱいのところにジャンパーのようなものが引っ掛かっていた。急なルンゼの中には人が滑り落ちた痕がはっきりと見てとれた。

さらに50メートルのザイルをセットしていると、下から沢を登ってきた有馬、山内両隊員の姿が見えた。私は両隊員に「ここに滑落痕がついているから、その周辺にいないか」と声をかけると、すぐに「発見！」の応答があった。

私も急いで下降していった。ザイルいっぱい降りると、ルンゼの中に半分落ち葉に埋もれて崖に引っ掛かっているKさんの遺体を確認した。

登山道からちょうど１５０メートル。頭を下にして仰向けの遺体の上に、いま降っている白い雪がうっすらと積もっていた。この高度を滑落したとすれば、おそらく即死だったろう。山内隊員は無線機で「午後0時45分、遭難者の遺体を発見」の報を入れていた。

午後1時40分、捜索していた救助隊員全員が現場に集結した。実況見分[*9]終了後、遺体をバスケット担架に乗せ、ザイルで確保しながら、慎重に急な涸れ沢を下った。降っていた雪は細かい霧雨に変わっていた。交替しながら担架を搬送し、午後4時に林道に到着。3日間にわたった捜索活動は終了した。遺体で収容という最悪のケースに終わったことで、山岳救助隊員である私たちの胸に無念さが残った。

計画と装備に問題があった

Kさん遭難の原因はなんだったろう。現場に落ちていたガイドブックには、奥多摩から川乗橋までバスで行き、川乗林道を歩き細倉橋から川苔山頂に立ち、そして下山は赤杭尾根を古里に下るルートが紹介されていた。

Kさんがこのルートをとったとすると、家を出た時間から考えれば、奥多摩駅を午前11時20分に出る東日原行きのバスに乗ったと思われる。10時台の日原行きの便はない。川乗橋を昼ごろに出発では遅すぎる。長い赤杭尾根の下山では日没との競争だったろう。その焦りが事故の最大の原因だったと思われる。

次に装備である。Kさんはアイゼンを持っていかなかった。北側の登山道には雪が残っていたし、東側でも21日夕方のあの寒さでは登山道も凍りつく。そしてKさんの登山靴は、そうとうに使い込んだトレッキングシューズ。靴底は擦り減って丸くなっていた。それが凍った登山道でスリップを招いたのではないだろうか。

奥多摩に春を告げる「青梅マラソン」の日に、Kさんは風花の舞う川苔山に逝った。

＊1 **アイゼン**　雪山で登山靴の底に装着して使う、滑り止め用の爪がついた道具。
＊2 **アイスバーン**　道が氷状になること。
＊3 **肩**　山を人にたとえて、山頂を顔とし、そのすぐ下にある尾根を肩と呼ぶ。
＊4 **東の肩にある小屋**　川苔山の東の肩にあった個人所有の小屋のこと。現在は撤去されている。
＊5 **トレース**　人が歩いたり踏んでいった跡。
＊6 **警備犬**　警察において警備、捜索活動や災害現場で被災者の救助を行なえるように訓練された犬。
＊7 **ルンゼ**　岩溝。雨が降れば水が流れるほど、岩壁が急に切り立っている。
＊8 **バスケット担架**　山岳救助や水難救助、災害時など幅広い現場で使用される担架。要救助者の搬送やヘリなどに吊り上げる際にも使用される。
＊9 **実況見分**　捜査機関が任意処分として行なう検証で、場所、物または人についてその形状を感知することを内容とする。

よく落ちる谷

岩場をかい潜るように転落

2000年7月20日午後1時56分、携帯電話による119番救助要請があり110番に転送された。川苔山百尋ノ滝から1時間ほど入ったところで、男性が沢に転落したというものである。

直ちに山岳救助隊を召集し、消防の救助隊とともに川乗林道を車で向かった。しかし細倉橋手前で、沢から土砂が林道に押し出し、車が通行できなくなっていた。百尋ノ滝対岸まで車で入れれば時間を短縮できるのだが、やむを得ず徒歩で沢沿いの登山道を百尋ノ滝に向かう。

途中、下山してくる中年の女性8名とすれ違う。事故を起こしたパーティのメンバーで、救助要請の電話をした人たちだという。そのうちの2名が現場までの案内を買って出てくれた。私は歩きながら、その女性から事故の詳しい経緯を聞いた。

今日、神奈川県K市在住の中高年ハイキング仲間、男性3名、女性8名の11名で、百尋ノ滝を見に午前10時ごろ川乗橋から川乗林道に入山した。細倉橋から登山道に入り百尋ノ滝を目指したのだが、百尋ノ滝周辺は現在、落石が多いため通行止めとなっており、一度来たことがあるというリーダーも滝の場所がわからず、通り過ごして川苔山方向に登っていった。

横ヶ谷《よこや》の上流まで来て迷ったことに気がつき、そこで昼食をとったあと、いま来た道を下りはじめた。午後1時40分ごろ、鉄ハシゴを降りたあたりで、列の真ん中付近を歩いていた女性が、小石につまずき屈《かが》んだところ、それを助け起こそうとした男性Nさん（58歳）が足を滑らし、前のめりに横ヶ谷側の急斜面を転落していって姿が見えなくなった。

携帯電話で救助隊を要請しようとしたが圏外でかからず、しかたなく男性2名が現場に残り、ほかの女性8名が携帯電話の通じるところまで下山し救助を要請したというものであった。

午後3時19分現場に到着した。現場は百尋ノ滝から川苔山へ通じる登山道を20分ほど急登した鉄ハシゴの掛かる場所で、男性1名が登山道で救助隊を待っていた。リーダーのHさんは遭難者のところまで降りているとのことであった。

私は登山道を少し下り、ザイルを着けてトラバース[*1]ぎみに下降した。急斜面をガレたルンゼに降りると、遭難者が横たわっており、そばにリーダーが付き添っていた。上の登山道から50メートルほど転落したことになる。

Nさんは意識はあったが顔中傷だらけで、足なども骨折しているようだった。Nさんが横たわっている10メートルほど上には大きなチョックストーン[*2]があり、その下を潜り抜けてきたものだろうか。あれほどの距離を、岩場をかい潜るように転落しているのに、骨折程度のケガで済んだことは運がよかったと言うべきか。

私の張ったザイルで救急隊員も降りてきて、バスケット担架も降ろされた。応急処置のあと、痛がるNさんをバスケット担架に乗せ、人力で急斜面を引き上げる。トラバースぎみに2ピッチ[*3]、約80メートル引くと登山道に出る。

そこからは狭い急な登山道なのでザイルでブリッジ線を張り、バスケット担架を上で確保しながら滑り降ろすという作業を繰り返し、川苔谷まで降ろした。川苔谷沿いの登山道を搬送し、さらに上の林道まで運び上げたのは午後5時40分であった。

消防のヘリコプターを要請していたので、10分後に飛来したヘリコプターに、百尋ノ滝の対岸林道からホイストで吊り上げてNさんを収容し救助活動を終了した。

遭難者が崖で見つけたザックを回収

この事故の原因はなんだったのだろう。山仲間に事故のことを話したら、「なんであんないい道で落ちるのだろう。自分から落ちようとしなければ落ちないような道なのに」と言っていた。しかしいま、この手の事故は多い。どんな整備された登山道でも転落や滑落事故が起きている。

リーダーのHさんが一度来たことのある百尋ノ滝を発見できず、川苔山中腹までみんなを連れていったことも原因には違いないが、中高年者は運動機能が下降線をたどり、反射神経も鈍くなっている。さらに記憶力、判断力なども低下する。若者ならなんでもないような登山道でも、ちょっとしたミスが大きな事故につながるのだ。体力、経験不足も大きな原因のひとつだ。

二日後の7月22日、リーダーのHさんから山岳救助隊本部の奥多摩交番にお礼の電話があった。Nさんは足の骨折と顔面挫創、全身打撲で入院したが、生命に異常はないという。素早い救助活動に感謝していた。

そのなかでHさんに妙なことを聞かれた。「いま奥多摩で行方不明になっている登山者はいないか」と言うのだ。昨年(1999年)8月、雲取山に登って行方不明になってまだ見つかっていないUさんがいるので、その旨を話したら、Nさんが転落した現場の5〜6メートル上のルンゼの中に半分土砂に埋まったザックがあったという。あのときは事故の動揺で話さなかったが、遭難者のものではないかと、どうも気になって電話したというものである。私は気づかなかったが、同じく現場に降りた前田隊員は、それらしいものがあったし、また現場の下のほうにも、なにか青いものが見えたと言う。ただUさんは雲取山に登って行方不明になったのだし、川苔山に登ってまだ帰らないという人の届け出も受けてはいない。

電話でそう言われれば確認しないわけにはいかない。下のほうから骨でも出てきたら大事だ。

翌日、雨の降りだしそうな空模様の日、私は前田隊員、中村隊員と現場に行って捜索してみることにした。なにか出てきたら困るということで、刑事課員3名も同行した。

現場に着いたら、とうとう雨が降りだした。雨具を着込み、まずNさんが落ちた鉄ハシゴの下からルンゼを覗き込む。下に見えるチョックストーンのところまではなにも落ちていないし、その下はここからでは見えない。登山道を下り、この前トラバースしたところにザイルを張りながら降りてみる。あるある。Nさんが横たわっていた場所の5メートルほど上に、土砂に埋もれた緑色のザックのようなものが見える。

みんなが降りてくるのを待って、現場の写真を撮り、ザックを引き出してみる。古い緑色のデイザックである。中を開けてみると、着替えや小物などが詰まっていた。財布も発見された。お金は入っていないが銀行のキャッシュカードが入っていた。これで身元がわかるだろう。

ルンゼの下のほうにも青いシュラフのようなものが見える。まさか骨など入っていないだろうなと、ザイルを垂らして下降する。近づいてみると、なんとこれも古いデイザックである。さらに横ヶ谷まで下降して捜索したが、そのほかにはなにも発見できなかった。

二つ目のザックには古いコッヘルやガスボンベなどが入っていたが、持ち主がわかるようなものはなにもなかった。二つのザックを回収して登山道まで登り返し、雨の川苔山を後にした。変なものが見つからなくて、とりあえずホッとした。

数時間後に刑事課から奥多摩交番へ、捜査結果の連絡が入った。キャッシュカードから銀行に問い合わせたところ、持ち主は都内F市の女性Kさんで、1996年にカードの紛失届けが出されているとのことであった。Kさんに電話で連絡を取ったところ、川苔山に登った帰り、登山道からザックごと崖に落としてしまい、拾いにいくこともできず、そのまま帰宅したものと判明した。もうひとつのザックの持ち主は判明できなかったという。おそらくこれも登山道から落としたものだろう。まあよく落ちる谷だ。

遭難救助からのおまけつきの捜索も終わったが、それにしても今年は中高年の山の事故が多い。週末になると救助要請が入る。単発ならまだいいが、ときにはダブルやトリプルで入ることもある。自分の体力、実力に合った山をよく選んで、余裕のある山登りを楽しんでもらいたいものである。

＊1 **トラバース** 横方向に進むこと。
＊2 **チョックストーン** 岩と岩に挟まった石。
＊3 **ピッチ** 1本のザイルで登る（降りる）長さ。あるいは一息で登る（降りる）範囲。

川苔山の蟻地獄

まったく同じ場所で滑落事故発生

２０００年10月7日、川苔山で転落死亡事故が発生した。前項で取り上げた7月の転落事故と、まったく同じ場所から落ちて、同じ場所で止まったのだが、こんどは助からなかった。

午前10時24分、登山者から携帯電話で１１０番通報があり救助要請が入った。「百尋ノ滝から20分ほど登った登山道から単独登山者が転落した」と、近くにいた男性登山者から入電したものである。直ちに山岳救助隊先発隊４名が出動した。場所的には7月の事故現場の周辺と思料《しりょう》された。

川乗林道を山岳救助車で飛ばした。百尋ノ滝が見えるところまで車で入り、車を降りていったん川苔谷に下降する。対岸に渡り百尋ノ滝まで登り上げ、丸山の裾を回り込むように急登すると登山道に鉄ハシゴの掛けてあるところに着く。そこに通報者の

Kさん（47歳）が待っていた。

今日、Kさんは単独で川苔山に登るため川乗橋でバスを降り、川苔谷沿いに登ってきた。百尋ノ滝を過ぎたところで、前を歩いていた高齢の男性単独登山者に追いつき、そして追い越して登っていった。二つ目の鉄ハシゴを登り切ると、後ろで「ガサガサガサッ」となにかが落ちる音がしたので振り向くと、先ほど追い越した登山者が横ヶ谷側の急斜面を転落していくのが見えた。Kさんはすぐ鉄ハシゴを降り、下の斜面を覗いてみたが、登山者の姿は見えなかった。下に向かって大きな声で呼んだところ、応答があったため、そこへ単独で登ってきた女性登山者Nさん（40歳）に事情を話し、Nさんの持っていた携帯電話を借り110番通報したというものであった。

7月の事故とまったく同じ場所から転落している。登山道からは遭難者の姿は確認できず、山岳救助隊員が下に向かって声をかけてみたが、応答はなかった。Kさんも「10分ほど前から声がしなくなった」と答えた。

救助隊員は7月のときと同じく、いったん登山道を少し引き返し、ザイルを着け遭難者がいると思われる横のほうから急斜面をトラバースしていった。

果たして遭難者はいた。上部の擂《す》り鉢状になった急斜面が漏斗《じょうご》の口のように岩場で狭まり、大きなチョックストーンのある垂直な岩の下の斜面に、背中にザックを当てて座り込むように横たわっていた。7月のNさんと同じく、チョックストーンの下を潜り抜け、この場所まで落ちたのだろう。

午前11時44分、一番に到着した石北隊長が声をかけたが応答はなかった。頭部からは大量に出血し、呼吸はしているものの一刻の猶予《ゆうよ》も許されない状況であった。

後発隊と消防の救助隊が到着し、バスケット担架が降ろされた。遭難者に声をかけながら励まし、ヘルメットをかぶせバスケット担架に乗せた。ここは落石の危険があるので、いったん20メートルほど上の台地状になったところまでザイルで引き上げた。そこに消防の救急隊が到着し応急処置を行なったのが午後0時05分、このときすでに遭難者の呼吸は停止していた。

そこからトラバースぎみに登山道まで引き上げ、7月のNさんのときと同様に、狭い登山道にザイルブリッジ線を張って、そこに担架を吊り、確保しながら移動した。つづら折りの場所では、下方へじかにザイルを張り担架を滑らせた。

川苔谷を渡り、百尋ノ滝対岸の川乗林道に引き上げたのは午後1時20分。遭難者は林道から消防庁のヘリで吊り上げ、立川の災害医療センターに収容されたが、午後2時30分、医師により頭蓋骨陥没等で死亡確認がなされた。

ベテラン登山者がなぜ？

所持品を調べたところ、遭難者は都内H市に住むSさん（70歳）であることが判明した。今年4月、奥多摩観光協会が募集した「名人・達人観光ガイド」に応募し、認定された観光ガイドであった。大多摩観光ガイドの認定証も所持していた。「名人・達人観光ガイド」研修会では、私も安全登山について講義をした関係で、顔には見覚えがあった。登山歴50年というベテランで、小学校の教師を定年退職後、H市にある二つの登山クラブに所属し、年間100日も山に入っていたという。勉強家で、年ごとの遭難件数や遭難の形態などを奥多摩交番に聞きにきたこともあった。

同じところで落ちたNさんの場合は、前を歩いていた女性が石につまずいて屈んだところを助け起こそうとして、自分が滑り転落したものである。しかしSさんほどのベテランが、通い慣れたあんな場所でなぜ転落したのだろう。

私は後日、再度現場まで登り確認してみた。

鉄ハシゴの下の登山道は傾斜もそれほどなく、道幅も以外と広い。危険と感じる場所ではない。ただ登山道の横ヶ谷側は急傾斜がルンゼまで続いている。

担架を引き上げた場所からトラバースし、ザイルで転落箇所に降りてみた。NさんとSさんが転落して止まった地点は同じ箇所である。こんどは反対に登り返してみる。

約10メートルの急なルンゼを登ると、岩場が狭まり5メートルほどの垂壁に突き当たった。その上には大きなチョックストーンがあり、二人はこれを潜り抜け、この垂壁を落下したようである。垂壁を登りポッカリと開いた漏斗の口のようなところを抜けると視界が開け、摺り鉢を半分に割ったような斜面に出た。登山道はその40メートルほど上を横切っており、どこで落ちてもここに転がってくることになる。

私は真っすぐ上に登った。Sさんが転落した痕が鮮明についていた。ザラザラと滑りやすい急斜面。まさに蟻《あり》地獄のような斜面だ。ところどころに立ち木なども生《は》えているが、それに引っ掛かることもなく二人は転落していったのだ。

私はトラバースぎみに登山道に出て、再び鉄ハシゴの下まで登った。この広い登山道からベテランのSさんがなぜ落ちたのか、まったく見当がつかない。Nさんが落ちた場所を覗いてみたのか。年齢からくる体力的なものも起因しているのかもしれない。反射神経や運動機能も鈍くなってはいたろう。立ちくらみなどすれば当然落ちることも考えられる。登山はいつも緊張しているわけにもいかない。ホッと気が弛《ゆる》んだ心の隙《すき》に危険が潜んでいたのかもしれない。

「こんなところでなぜ?」という疑問は、ベテラン登山者の遺難にはよくあることだ。魔がさして、川苔山の蟻地獄に捕われた遭難としか考えられない。

悲しい「こどもの日」

またもやあの場所で……

春のゴールデンウイークは、どこの山でも遭難事故は多い。今年（２００３年）の連休は飛び石なので、登山者も分散され、5月3、4、5日の3連休が最も人出が多かったようだ。それでも奥多摩では懸念された山岳事故の救助要請はなく、ホッと胸を撫《な》で下ろしたものだった。

5月5日こどもの日、連休最終日の夕方、雲取山荘のスタッフが大勢下山してきて、奥多摩交番に顔を出した。雲取山荘の混みようは凄かったという。食事は行列、トイレは行列、テント場は満員、8畳間に16名が寝たという。

スタッフが「山の事故はなかったですか」と聞くので、「ああ、今年は平穏で、いま4時過ぎだから、あと1時間もすれば『連休中山岳事故0』の報告ができるよ」と話した。

奥多摩消防署から転落事故の連絡が入ったのはその1時間後の午後5時05分である。「川苔山に登った母と子の、子供のほうが百尋ノ滝上部から転落した」という。

すぐ山岳救助隊を召集し、先発隊として黒木救助隊長以下3名で川乗林道を山岳救助車で飛ばした。もうすぐ暗くなる。「子供だというから、担架で運ぶより背負ったほうが早いかもしれない」などと救助方法を検討しながら車で百尋ノ滝が見えるところまで入る。

消防の救助隊が先着していた。聞けば転落者は32歳の女性だという。母親からすれば32歳でも子供には違いない。

車を降り、小尾根の仕事道を川苔谷に下る。途中、四つん這いになりながらフラフラと登ってくるご婦人と出会う。遭難者の母親（64歳）だという。私は転落した場所を繰り返し聞く。

「川苔谷から百尋ノ滝を経由し、15分ほど登った鉄ハシゴの下」だと話す。そうすると2年前に続けて2件の転落重傷事故、死亡事故が起こったあの場所かもしれない。

「上の道路まで連れていってください」と言う母親に「娘さんの救助のほうが先です。もうすぐ後続隊が大勢来ますから、それまでここで待っていてください」と言い置いて先を急ぐ。

百尋ノ滝を経由し転落現場と思われる場所に着いたときには薄暗くなっていた。消防の救助隊も捜索準備をしていた。

この場所だとすると、2年前の事故とほぼ同じ場所である。ここは何度も検証しているから、地形はわかっていた。擂り鉢を半分に切ったような逆半円錐形で、どこから落ちても漏斗の口のような場所に落ち込む。暗くなる前にあの場所だけは捜索しておきたかった。私は少し戻って、バンド[*1]状になった斜面をトラバースし、漏斗の口にあたるルンゼに降りた。2年前の2件の事故では、2名ともこのルンゼまで落ちて、そして一人は死亡した。

しかしルンゼを下まで見渡して捜したが、その場所にはいなかった。私は再び登山道まで登り返し、さらに上部まで滑落痕を捜しながら登ったが、それらしい痕跡は発見できなかった。

とうとう日が暮れてしまった。ヘッドランプを点《つ》け、何組かの隊員がザイルで急斜面を下降しながら捜索している。暗闇のなかで長時間の捜索は危険がともなう。二重遭難だけは絶対に避けなければならない。

午後7時、焦りが出てきた。そこへ消防の後続隊に介添えされながら遭難者の母親が登ってきた。母親は娘が落ちた場所に、自分が杖《つえ》にして突いてきた木の棒を目印に置いてあるという。その棒は救助隊が捜索していた場所よりも少し戻った場所で見つかった。急な斜面である。

「K子」「K子」と、母親は暗闇の空間に向かって娘の名前をか細い声で呼び続ける。なんともかけてやる言葉もない。

落ちた場所がわかったので、そこを下降するザイルをセットしているとき、下の川苔谷を捜索している班から「発見！」の無線が入った。

私もすぐ登山道を走るようにして川苔谷に下った。先ほどの場所から、下の川苔谷までは高さにして150メートルはある。その高さを転落したのであればとうてい助かりはしないだろうと思った。

現場に着いたときにはK子さんは水から上げられていたが、発見したときには川苔谷の水に前面が浸かり、うつ伏せに倒れていたという。後頭部に挫創があり、すでに脈はなかった。

なんと百尋ノ滝の登り口にある木橋から下流に20メートルほどの場所である。捜索に向かうとき、その木橋も渡ったのだが、薄暗かったうえK子さんは黒っぽい服装だったため、だれも気づかなかったのだ。谷の側壁は垂直に近く、そこには顕著な滑落痕が見て取れた。

救急隊が処置をしているあいだ、私は現場にケルン*2を積んだ。

母親には見せたくないので、母親が降りてくる前に林道まで上げようと、バスケット担架に乗せ搬送にかかった。隊員は大勢いるので林道までの小尾根はザイルで担架を引きずり上げた。

午後7時53分、林道の救急車に収容することができた。そのまま奥多摩病院に搬送され、医師により死亡が確認された。

母親への心遣いが仇に

母親をパトカーに乗せ奥多摩病院まで送っていった黒木救助隊長が、母親から聞き取った遭難の経緯によると、K子さんは絵を描くことが好きで、10年ほど前からは山に登って描くことが多かった。昨日も川苔山に登って油絵を描いたが、母親にどんなところで描いているのか、そして山の素晴らしさを見せてやりたいと思って、今日は絵の仕上げも兼ねて母親を連れ鳩ノ巣から登ったのだという。

山など登ったことのない母親は遅れがちだった。K子さんは母親のザックを体の前にかけて登り、お昼過ぎに山頂に着いた。

昼食後、油絵の仕上げにかかった。天気が好く景色も素晴らしかったが時間がなく、絵を仕上げることはできなかった。

午後2時、二人は百尋ノ滝経由で川乗橋を目指し下山にかかった。足の遅い母親のために、K子さんは下りでも自分のザックを背負い、母親のザックを体の前に着けた。母親を前に歩かせ、自分は後方から指示しながら下った。

そして午後3時20分ごろ、K子さんはまもなく百尋ノ滝に着く手前の、鉄ハシゴを降りたあたりで突然バランスを崩し、母親のすぐ後ろから川苔谷側に転落したものであった。丸山から川苔谷に落ち込む尾根の急斜面を横切ってついている狭い登山道からは、下の川苔谷までは見下ろせない。母親は娘の名を呼び続けたが返事はなかった。

それから母親は必死で下山した。先ほど二人を追い越していった男性登山者に、救助隊への通報を頼もうと後を追ったのだが、疲れているのでなかなか追いつくことができず、林道に出てさらに追い、川乗橋に着く少し手前で追いついた。男性登山者Oさんに事情を話し救助の依頼をしたが、Oさんも携帯電話を持っていなかったため、日原街道まで出て、通りかかったバイクを止め、110番、119番を依頼したというものであった。

K子さん転落の原因はなんだったのだろう。まず前に抱えた母親のザックである。ザックが気になり足元がおぼつかない。咄嗟《とっさ》の動きが制限される。不用意な行為であった。靴はスニーカーである。履き慣れているとはいえ、急傾斜や、小石まじりの登山道では滑りやすい。もっと靴底の硬いエッジの効く登山靴だったらこの転落は防げたかもしれない。

K子さんの遺体は、その日のうちに遺族に引き渡された。K子さんと一緒に川苔山に登った母親の心情は察するに余りある。K子さんは母親が大好きだったのだろう。だからその母親に山の素晴らしさを見せてやりたかったのではないだろうか。そんなやさしい娘を目の前で失った母親には、あまりにも悲しい「こどもの日」であった。

K子さんの救助活動は、今年になって5人目の遭難死者として残念な結果に終わってしまい、山岳救助隊員は午後9時過ぎ、疲れ切って全員奥多摩交番に戻った。

150メートルの斜面を転落

後日私は、機動隊の山岳救助レンジャー隊員3名を伴って、K子さん転落当日に発見できなかった背中と前に着けていた二つのザックを回収しに川苔谷の現場を訪れた。

K子さんが転落した地点の立ち木に支点を取り、登山道から50メートルザイルを空間に投げる。下の見えない斜面を下降するのは気持ちのいいものではない。ザイルにエイト環をセットし、20メートルほど下降すると、岩壁のあいだから下を見通すことができた。

下の川苔谷までは3段ほど緩傾斜帯があり、2段目には背負いバンドの切れたザックが立ち木に引っ掛かっていた。それを回収し、支点をかけ替えてさらにザイルで下降する。3段目の緩傾斜に、もうひとつのザックがあった。4ピッチ下降して川苔谷に降りた。そこはあの日K子さんが発見された場所である。私が積んだケルンもそのまま残っていた。

私がいまザイルで下降してきた150メートルの斜面をK子さんは転落したものであろう。大きいほうのザックを開けるとキャンバスや画材が出てきた。これがK子さんのザックであろう。キャンバスには川苔山頂から鷹《たか》ノ巣《す》山、雲取山方向を描いたと思われる未完成の油絵が描かれていた。

遺作となったK子さんのこの未完成の絵は遺族にとって、やさしい娘を失った心の痛みとしていつまでも残ることだろう。

＊1　**バンド**　岩壁に突き出た平らな部分が通路状に続いているところ。
＊2　**ケルン**　登下山の印として積んだ石。

天目山で先生がいなくなった

突然消えた山岳部顧問

鍾乳洞で有名な奥多摩町日原は、東京都の最奥の集落である。奥多摩の山々を目指す登山者の主要登山基地でもある。

その日原にある駐在所に勤務する前田巡査部長は、1981年に赴任。鷹ノ巣山から七《なな》ツ石《いし》山、雲取山から長沢背稜を経て蕎麦粒《そばつぶ》山までの東京都側はすべて彼の所管区である。生来、走ったり、山に登ったり、畑を耕したりの好きな彼は、すっかり住民とうちとけ、青梅警察署山岳救助隊員も兼ねているので、山の地理にも熟知している。奥多摩における山岳遭難事故の際には、なくてはならない救助隊員である。

そして日原駐在所は、登下山の際の届け出や登山相談、遭難事故の第一報がもたらされる登山情報基地である。

1998年3月22日午後0時30分、高校生4人が日原に下山してきて、事故の第一報を前田巡査部長に届け出た。

4人は、都内の私立Y高校山岳部員の1年生でH君、K君、M君、T君である。4人は同山岳部顧問のT先生（46歳）に引率され、日原～天目山《てんもく》（三ツドッケ）[*1]～蕎麦粒山～川苔山～本仁田山～氷川のコースを1泊2日で縦走するため、午後1時40分日原からヨコスズ尾根に取り付いた。

標高1000メートルから上にはまだ登山道にも残雪があったが、天気は好く、重荷にもかかわらず快調なピッチで高度をかせぎ、午後5時前には宿泊地である天目山の下に建つ一杯水避難小屋に到着した。しかし小屋には大学生のパーティが大勢先着して酒を飲んでいたので、しかたなくT先生は、小屋から60メートルほど下った平地にテントを張ることを指示した。

テントの中で一泊したY高校山岳部パーティの今日のコースは、ここから蕎麦粒山に向かう予定であったが、朝から小雨が降っており、縦走路には30センチを越える残雪があった。またT先生がこのコースを縦走したのは20年も前のことであり、T先生本人もこの気象状況のなかで、迷わず縦走する自信がなかった。そのことをH君ら4人の部員に話し、昨日登ってきたヨコスズ尾根を日原に下山する旨を指示した。このT先生の判断は正しかったと思う。

ゆっくりテントを撤収し、午前10時ごろ下山を開始した。昨日通ったコースだったのでなんの不安もなかった。T先生が先頭で小雨のなか一列になって下った。

ヨコスズ尾根の中間部に、唯一起伏のある瘦せ尾根になったところがある。尾根の両側がカロー谷と倉沢谷に挟まれ、スッパリと切れ落ちている。そのあたりで生徒の一人の靴紐が解《ほど》けたりしたこともあって、先頭を行くT先生と生徒との距離は20メートルほど開いていた。そこは緩やかな登りにかかり、先はカーブしているので、生徒たちからT先生の姿は隠れて見えなかったが、「わあー」というT先生の声がし、そして静かになった。

H君ら生徒たちは驚いて先を急ぎカーブを曲がったが、そこにT先生の姿はなかった。瘦せ尾根の東側を巻くようにしてつけられている登山道の左、倉沢谷側は、えぐられたような急斜面になっており、そこにバラバラと雪の塊や小石などが落ちていくのが見えた。H君たちは下の深い谷底に向かって大声でT先生を呼び続けたが応答はなく、また付近をしばらく探したが、持ち物なども発見できなかった。

生徒4人で話し合ったが、この深い谷に落ちたところはだれも見ていないし、もしかしたら一足先に下山して、日原で待っているのかもしれない、という意見も出て、とりあえず4人は日原まで下山することとした。こんなに心配させて、下で待っててもいようものなら、先生を殴ってやろうと思った、と生徒は言っている。

正午ごろ日原へ下山した4人は、希望的観測を持ってバス停付近を探し回ったが、やはりT先生の姿は発見できず、日原駐在所に届け出てきたものであった。

4人から「先生がいなくなった」との届け出を受けた日原駐在所の前田巡査部長は、付近の地形が手に取るようにわかっているので、すぐ滑落事故と判断し、奥多摩交番にある青梅署山岳救助隊本部と、それから消防署に連絡を入れた。

雪降る夜の救出作業

私は久しぶりに日曜日の週休なので、ウチョウランの植替えでもやろうと思っているところへ救助隊本部から「高校の先生が、天目山から下山途中にいなくなった」と電話連絡が入った。

春の雨が降っていたが、梅見客で賑わう吉野街道を、私は愛車パジェロを駆った。日原に着いたら、廃校になった日原小学校の校庭には、パトカーや山岳救助車、消防の車などが赤灯を点滅させて数台停まっていた。先発隊はすでに出発したという。

私は校庭の裏からヨコスズ尾根を登りはじめた。降っていた雨はすぐに雪に変わった。ヨコスズ尾根で滑落するとすれば、尾根の狭まる滝入《たきいり》ノ峰付近しかない。1時間半ほど登った標高1200メートル付近のところだ。そこで落ちたとすると救助活動には相当の困難が予想された。

山岳救助隊は消防の救助隊とともに、午後2時30分ごろ、T先生が滑落したと思われる現場付近に到着した。あたりにはまだ積雪が20センチも残り、今日また降りだした雪が滑落痕をすっかり覆いつくしてしまっていた。しかし、そこは目の利く地元の前田隊員が倉沢谷側20メートルほど下の崖っぷちに、雪に埋もれかけた帽子らしいものが引っ掛かっているのを発見した。登山道にザイルをセットして、懸垂下降で下ってみると、「T」と名前が記された遭難者本人の帽子であった。滑落したのはこの場所に間違いなかった。

登山道から50メートルは斜度40度のガレた斜面。さらにその下は60度から70度はあるルンゼ状になって続いている。ザイルをセットしながらさらに下降を続けると、ところどころ雪面に血痕が付着しているのを発見した。

登山道から180メートル。そろそろザイルがなくなるころ、岩角に引っ掛かってうつ伏せに倒れている遭難者を発見した。遭難者は顔面から血を流し、すでに事切れていた。この角度で岩場を180メートル滑落すれば即死状態だったろう。

すでに午後4時、雪はやまず、薄暗くなっている。これからが大変だ。遭難者を担架に乗せ、この切り立った斜面をザイルで引き上げなければならない。機械類などはないから、すべて人力に頼るしかない。

幸い消防の応援も大勢到着し、ザイルピッチを切りながら引き上げにかかる。なにせ遭難者の体重は80キロ。登山道まで引き上げるのに2時間以上の時間を費やし、隊員が全員登山道に集結したときは、すっかり暗闇に包まれていた。

登山道まで引き上げはしたものの、日原までの搬送作業が残っていた。遭難者をスノーボートに乗せ替え、ヘッドランプの灯りだけを頼りに引き降ろす。暗闇の雪が残る狭い登山道を、一列になってスノーボートを引く危険な作業だ。さらに2時間半、日原の集落の灯りが木の間《こま》隠れに見えたときは、フッと力が抜けるように感じた。

午後9時、日原小学校に到着。校庭で待機していたY高校の教頭先生がT先生であることを確認し、そのまま救急車で奥多摩病院に搬送し、医師により死亡確認がなされた。

山岳部の存続を歎願

T先生は登山歴20数年のベテランだったらしい。高体連(全国高等学校体育連盟)登山部で東京都役員なども務めていたという。「そんなベテランがなぜ?」という疑問は遭難にはつきものである。雪の残った登山道で、ちょっとした気の緩みからミスをおかし、それが死亡事故につながったのだろう。

中高年登山が最盛を誇っている現在、若い登山者を育てる指導者を失ったことは実に惜しまれる。しかし今回の山行でいっさいの責任を持つ引率のT先生が、この事故に学生を巻き込まなかったことは救いだったと思う。

3月26日、Y高校の校長先生から山岳救助隊にお礼の電話が入った。今日、T先生の告別式が営まれ、H君ら4人も参列し先ほど無事終了したという。4人も元気を取り戻しつつあることを聞いて私もホッとした。

学校の山岳部が事故を起こすと、学校側は「山は危険だ」と言ってクラブを廃部にしたり、登山を禁止したりするところもあると聞く。登山は人と人とが競い合うほかのスポーツとは違い、登山の対象は「山」という自然である。自らの意志と筋肉を使い力いっぱい行動する。重荷に苦しみ、汗だらけになってひたすら登る。登山者はこの一生懸命に行為すること、それ自体に意義を見いだす。自動化され省力化された市街生活にあって、額に汗することを忘れがちになり、若者の登山離れが多くなっている。

H君ら山岳部員は、自然に親しみ、自然に生きる人間本来の行為に喜びを見つけだしたのだから、Y高校では山岳部を廃止するようなことはしないでもらいたいと、私は校長先生にお願いした。校長先生もよく理解してくれて、そのようなことは絶対しないと約束してくれた。亡くなったT先生も切にそのことを望んでいるに違いない。

＊1 **トッケ** 尖峰を意味する突起のこと。突剣などとも書く。奥多摩ではほかに酉谷山《とりだに》の黒ドッケ、芋ノ木ドッケ（芋木ノドッケ）などがある。

哀切の天祖山ハタゴヤ尾根

足がもつれて転落

秋になって空気が澄み、山に登ればいままで見えなかった遠くの山々まで、青いひとすじの連なりとなって見渡せる。こんな風景を見たくて人は秋の山に登る。

11月に入ったが、奥多摩の山はまだほんのりと色づいたばかり。今年（２００６年）の紅葉は例年よりだいぶ遅れているようだ。

3連休初日の11月3日、山岳救助隊は奥多摩ビジターセンターと共催で、ＪＲ奥多摩駅前において「山岳遭難防止キャンペーン」を行なった。朝7時30分から電車が着くたび奥多摩駅から降りてくる大勢の登山者に、山での事故防止を訴え、「奥多摩山岳情報」のチラシを配布し、登山計画書[*1]の提出を呼びかけた。また今年はツキノワグマの目撃情報も多いことから、雲取山荘提供のクマ除けの鈴なども配布した。メディアも2社ほど来て取材していった。

翌11月4日、土曜日の新聞朝刊に、「紅葉の奥多摩、登山は安全に」という見出しで、昨日の「遭難防止キャンペーン」が大きく載った。事故防止にどれほどの効果があるかわからないが、地道に訴え続けていくしかないだろう。

その日の午後1時24分、日原駐在所の不在転送電話から青梅本署に「日原で仲間が転落し、頭などにケガをした」と女性の声で一報が入った。通報者は遭難者の同行者で、日原駐在所で待っているという。

山岳救助隊員を召集するとともに、消防にも連絡し救急車の要請をした。

先発として午後1時35分、交番にいた救助隊員4名が出動した。緊急走行[*2]で日原駐在所に着くと、今日は週休の前田隊員も駐在所に戻っており、通報者から事情を聴取していた。

S県の山岳会仲間である中高年女性5名で昨日、日原から鷹ノ巣山に登り雲取山まで縦走し、雲取山荘に一泊した。そして今日、芋ノ木ドッケから長沢山、水松《あららぎ》山、天《てん》祖《そ》山とたどり、天祖神社の表参道であるハタゴヤ尾根を日原の八丁橋に下山中であった。ハタゴヤ尾根末端から南側の急斜面につけられた、つづら折りの登山道を八丁橋に向かってジグザグに下っていたところ、小尾根の稜線で、先頭から2番目を歩いていた遭難者Aさん（68歳）の足がもつれ、東側の急斜面を転落していき姿が見えなくなった。

同行者らは急いで日原林道まで下山し、小尾根を東側に回り込むと、遭難者は林道法面《のりめん》＊3に張った落石防護網と岩場のあいだに落下して挟まるような状態で倒れていた。

仲間が協力し10分ほどかけて遭難者をなんとか網の中から引き出した。いまは林道上に寝かせてあるが、頭、腕などを相当負傷しており動かすことができない。まだ意識はあるという。

私たちは再び車に乗り込み、緊急走行で現場に向かった。小川谷橋から日原林道に入り、八丁橋を渡りゲートを回り込むと遭難パーティの姿が見えた。

午後2時05分、現場に到着した。遭難者のAさんは林道上で下にシートや防寒衣などを敷かれて横たえられ、その上にフリースなどの衣類がかけられ保温されていた。頭は三角布で止血されていたが、擦り傷だらけの顔で目をつむったまま、さかんに痛みと寒さを訴えていた。

「どこが痛い」と聞くと「手が痛い」と言う。意識はあるようだ。レスキューシートを出し、保温処置を施すが、50メートル以上の距離を落下していることから、頸椎の損傷も考えられるので動かすこともできない。一刻も早い病院搬送が必要だ。「もうすぐ救急車が来るから、頑張るんだぞ」と大きな声をかけると、かすかにうなずくような仕草をする。

救急車の到着が遅れている。救急車到着までの介護を隊員に任せ、私はAさんが転落した場所を確認するため、デジカメを持って八丁橋登山口から登山道を登った。ここからハタゴヤ尾根に出るまでの約30分が、南側の急斜面につけられたつづら折りの登山道である。ガレた急斜面に石積みをし、細い登山道がジグザグに続いている。下を見ると日原林道まで見通せる場所もあって、高所恐怖症の人なら足がすくむようなところである。

登りはじめるとすぐ、下山してくる何人かの中高年登山者と会う。道を空け、「あと少しで下に着きます。急傾斜ですから気を抜かないで下山してください」と声をかけながら登った。

7～8分登ると、小尾根の稜線に出る。おそらくこの稜線からAさんは西側の急斜面を転落していったのではないだろうか。しかし落ちた痕跡を探すが見つからない。この先に道が小尾根の西側ルンゼを回り込んでついている石積みの場所があるので、そこまで登ってみる。そこからは下のルンゼまで見通せた。しかし転落痕は見つからなかった。

同じ登山道でもう一人転落

上のほうから男性1名、女性2名のパーティが下りてきた。男性が先頭で、ダブルストック[*4]の女性は少し遅れぎみだった。私は道を空け、「もう少しで下に着きますからね、ここから急になりますからゆっくり気をつけて下りてください。いいですか気を抜かないでくださいよ」と、自分でも少ししつこいかと思うほどの注意を与えた。「わかりました、気をつけます」と3人は下っていった。

私も下のルンゼの写真を2枚ほど撮り、もう一度先ほどの稜線で転落痕を捜そうと下山にかかった。50メートルほど先をゆっくりと下っている3人が見えた。

午後2時50分、下を行くパーティから「あっ」という声が聞こえ、続いて「ガラガラ」と大きな落石の音が上がった。私は急いで下った。取り乱した男性と女性がそこにいた。「どうした、落ちたのか」と声をかけると「落ちました」と言う。私は瞬時にいま起こっている状況が判断できた。下のほうではまだガラガラと落石の音が聞こえていた。「ラーク、ラーク[*5]」と下に大声で怒鳴った。この真下の林道にはAさんがまだ横たわっているかもしれない。そして大勢の救助隊員もいるはずだった。私は残った二人に「いいですか、ゆっくり慎重に下りてきてくださいよ」と言い置き、走るようにして急な登山道を下った。

日原林道に下りると、すでに消防の救助隊も到着していて、落石に緊張して動き回っていた。私はAさんが横たわっていた場所に走った。うちの隊員もいたので、「どうした、大丈夫か」と声をかけたら、「大丈夫です。でも凄い落石でした」と興奮して言う。「石だけか、人は落ちてこなかったか」と聞くと、「石だけです」と言う。どこかに引っ掛かっている。「いまもう一人落ちたんだ、救助用具を持ってすぐ上に来てくれ」とみんなに大声をかけた。

Aさんが消防隊員によって担架で運ばれてきた。「もう一人落ちた」と言うと、とりあえず消防はAさんの救助を先にやると言う。Aさんは消防にお願いし、うちの隊員数名にザイルなどを持たせ、登山道を登り返した。

同行の二人は無事下りたのだろう、現場にはいなかった。私は「ここから落ちたんだ」と言って転落箇所を示し、太い立ち木を支点に50メートルザイルをセットさせた。

転落したのは、先ほど私が上で声をかけたとき、「わかりました、気をつけます」と答えて下っていった女性だ。ここからは見えないが、「なんとか無事でいてくれ」と祈るような気持ちで素早く腰にハーネス[*6]を着けた。

まだ下には大勢の隊員がいる。落石の危険があるので、無線で下の林道をクリアーにしてもらい、私がトップで下降する。

浮き石を落とさないようにゆっくりと下降していく。途中、ストックの片方やタオルなどが落ちている。10メートルも降りると傾斜はさらに強くなる。ザイルを手繰《たぐ》りながら下に声をかけ、どこかに引っ掛かって無事でいてほしいと、捜しながら下降するが姿が見当たらない。

40メートルほど下降すると、落石防護網上部の暗がりに、人影とみられる黒い塊が見えた。「おーい」「おーい」と大声で呼びかけるが、返事もなく動かない。急いで下降し、そばまで行き声をかける。転落した女性だった。両手を上げた四肢は不自然な方向に向いておりピクリとも動かない。顔はシャツの中に隠れていて見えない。上からちょうど50メートルザイルがいっぱいのところだ。私はザイルにぶら下がったまま、声をかけながら肩を揺すった。なんの反応も示さない。手首の脈を探ったが、冷たい手首に脈はなかった。「なんてことだ」。「さっき、気をつけて下りるって言ったじゃないか」。山と同化したように動かない姿を見て、私は愕然《がくぜん》とした。

下から声が聞こえる。横に移動すると、10メートルほど下が林道で救助隊員の姿が防護網越しに見える。「ここにいたぞー」と叫ぶと、みんな上を見て「どうですかー、大丈夫ですかー」と聞いてきた。私は首を横に振った。

上から消防の五十嵐隊員がザイルで下降してきて、「ダメですか」と聞いた。「残念だがダメかもしれない。とにかく一刻も早く病院に運ぼう」と答え、救助作業に入った。

下からバスケット担架を上げてもらい、法面の岩場と防護網の隙間から降ろすことにした。若手の佐藤隊員も降りてきて、3人で下からバスケット担架をザイルで引き上げる。

防護網にセルフビレー*7を取り、遭難者からザックを下ろす。ズシリと重いザックだ。不自由な体勢で急斜面に固定されたバスケット担架に、動かない遭難者を乗せることは、容易な作業ではない。立った状態で乗せ、担架から滑り落ちないようにバンドでガッチリと固定した。

あとは10メートル下の林道まで担架を滑り降ろすだけだ。消防の五十嵐隊員が担架について下降し誘導する。佐藤隊員が支点でブレーキをかけながらザイルを繰り出す。私は途中まで担架についていき、真上でザイルを調整する。金網に引っ掛からないように、ゆっくりと降ろす。「到着」と下から五十嵐隊員の声が聞こえた。遭難者を乗せた担架を、網のあいだから林道上に出したものだろう。遭難者の重いザックもザイルで降ろした。

それから私と佐藤隊員は、残った資器材を撤収し、一人ずつザイルで下降した。

思いもかけないダブル遭難であった。そして二人とも予断を許さない厳しい状況だ。小尾根を回り込んで八丁橋のほうに向かうと、ちょうど遭難者をピックアップしたヘリが、方向を変えて飛び去るところであった。

ダブルストックの是非

登山口に遭難者の同行者である男女が待っていた。二人は私を認め、「あんなに注意していただいたのに、申し訳ありません」と頭を下げた。私も「残念ですが、ちょっと厳しい状況のようです」と答えた。車で病院に向かうという二人に対し、「動揺しているでしょうから、車の運転も十分に気をつけて向かってください」と助言した。

2件目に遭難した女性はH市のSさん(55歳)。パーティ3名は昨日、八丁橋に車を停めて、この日原林道を終点まで歩き、野陣《のじん》尾根の富田新道から雲取山に登った。昨夜は山頂の雲取山避難小屋に泊まり、そして今日、最初に転落したAさんたちのパーティと同じコースをたどり、この八丁橋に下山してきたものであった。そしてSさんはAさんと同じ場所から転落した。

この2件の遭難に共通していえることは、二人とも登山経験の長い中高年の女性である。二つのパーティは、どちらも二日間にわたる縦走で荷も重く、相当の健脚向きのコースであった。

一日目は稲村《いなむら》岩尾根にしろ、野陣尾根の富田新道にしろ、奥多摩では屈指の急登である。二日目の長沢背稜から天祖山コースも距離があり、急なアップダウンもある。そして疲れた足に最後の30分はとくに急な下りだ。

ここで私が問題としたいのは、遭難した二人はダブルストックを使っていたということである。長期間の縦走などでは、私もダブルストックを使うことがある。登りでは大きな推進力となる。しかし下りでは、相当慣れないとバランスを崩しやすい。疲れてくるとついストックに頼ってしまう。とくに急な下りや、ガレ場、岩場などでは危険がともなう。これがストックがなければ疲れていても自分の両足で下りるしかないから、ゆっくりでも慎重になる。咄嗟のときには両手も使える。賛否両論はあると思うが、私は急な下りでのダブルストックには賛成できない。

山岳救助隊本部のある奥多摩交番に戻って、刑事課からの電話で、Sさんの死亡が確認されたことを聞いた。Aさんのほうも即手術で予断を許さないという。

奥多摩で紅葉本番を迎える前の、なんとも痛ましい遭難事故であった。私自身この遭難には参った。亡くなったSさんと最後に言葉を交わしたのは私かもしれない。強いショックである。トラウマとならなければよいのだが。

昨年（2005年）も紅葉の天祖山で2件の遭難事故があり、二人が死亡している。山頂に天祖神社を祀《まつ》る、古くから諸人の崇敬の厚い信仰の山、天祖山。この静寂の山も中高年の登山がブームとなって、遭難事故の多い山へと変貌しつつある。

＊1 **登山計画書** 登山の際に所属会や警察などに提出する、登山計画の概要を記した書類のこと。「登山届」「登山者カード」「入山届」などとも呼ばれ、遭難した場合の捜索などに効力を発揮する。2014年の御嶽《おんたけ》山の噴火を機に提出を義務づける自治体が多くなった。

＊2 **緊急走行** 法令で指定された緊急自動車（パトカーや消防自動車など）が人命救助や火災対応など急を要する際、サイレンを鳴らし赤色の警光灯を点灯して急行すること。

＊3 **法面** 切土や盛土などで造った斜面のこと。

＊4 **ダブルストック** 両手にストックを持《も》つこと。ストックとは登山用杖のこと。

＊5 **ラーク** 落石のこと。とくに落石を報せるために発する言葉。

＊6 **ハーネス** クライミングや登山などの際、安全のために自分の体をザイルや支点につなぐために着用する腰ベルト。

＊7 **セルフビレー** 自己確保。滑落などを防止するため、確保支点を自分の安全ベルトなどにつなぐ。

大ダワ林道に入ってはいけない

雲取山の危険箇所

それぞれの山において事故多発箇所がある。雲取山はここ、川苔山はあそこ、大岳山はここあそこという具合に、事故の多発する場所はおおむね決まっているのだ。それは「ここは危ないな」とだれもが感じる場所であることが多いが、逆に「なぜこんな広い登山道から落ちるんだ」といぶかるようなところもある。非科学的なことは信じないようにはしているのだが、〝呼ばれたのかな〟なんて、よからぬ考えが頭をよぎったりすることもあるのだ。別項にも書いた川苔山の百尋ノ滝周辺の事故多発箇所は、そんな場所である。

ここで取り上げる雲取山の事故多発箇所は、だれが見ても危ないと思われる場所である。

日原側から雲取山に登る主要登山道のひとつに大ダワ林道がある。古くから利用されているルートで、日原林道の終点近くが登山口である。大雲取谷沿いにアップダウンの少ない道が大ダワまで続く比較的楽なコースで、私が東京に出てきて初めて雲取山に登ったのもこの道からだったし、1995年に皇太子殿下（現天皇陛下）が雅子様とお二人で登られたのもこのコースであった。

ただこの大ダワ林道には、よく事故の起きる場所がある。大ダワ林道はいったん長沢谷に降りて橋を渡ったら二軒小屋尾根に登り上げ、大雲取谷沿いに大ダワまで続いているのだが、登山道に入り40分ほど登ったところの、小雲取谷出合[*1]の10分ほど手前にあるザレ場がその危険箇所だ。そこは雨が続くと土砂が50メートルほど下の大雲取谷まで一気に崩れ落ちてしまい、そのたびに急斜面に石積みして整備してある登山道がズタズタに寸断されて通行止めとなってしまうのである。

心肺蘇生の甲斐なく

その大ダワ林道で、2005年6月11日正午過ぎに事故が起きた。山岳ガイドの登山教室メンバー7人がまさにその場所を通過しようとしたとき、崩れて狭くなっていた登山道から生徒のSさんという女性（62歳）が大雲取谷まで転落したのだ。雲取山荘まで救助要請に走ったメンバーからの通報で、山荘主人の新井信太郎さんから奥多摩交番にいた私に事故の通報があった。

山岳救助隊を招集し、消防の救助隊とともに出動した。私が登山道から50メートル下の大雲取谷まで降りたとき、現場ではガイドのYさんが遭難者のSさんに心肺蘇生を施していた。Sさんには血の気がなかった。1時間ほど前までは自力で呼吸をしていたという。とりあえず消防庁のヘリを要請しているので、病院に運ぶまでは全力を尽くそうと二人で心臓マッサージを続けた。

しばらくして消防庁の大型ヘリが大雲取谷沿いに進入してきた。救助隊員も大勢到着したのでSさんにエバックハーネス*2を着装し、ホイストでヘリにピックアップした。そのまま病院に搬送されたのだが、残念ながら蘇生しないまま医師により死亡が確認された。

私が救助隊員となってから、この場所で何件か事故はあったが、死亡事故は初めてであった。

危機一髪の救助

2年後の2007年の梅雨時期、水源管理事務所*3から山岳救助隊に電話があった。「いま崩れている大ダワ林道の現場に行った職員から無線連絡があり、釣り人が崩壊箇所の上部を横断しようとして真ん中あたりで立ち往生《おうじょう》し、救助を求めているので出動できませんか」と言う。私は「救助隊が現場に到着するまで時間がかかります。職員が崩壊箇所を高巻いて、*4上からロープを投げるなどして救助できませんか」と尋ねたところ、しばし無線で現場とやりとりをしていたが、「現場では無理と言っています」との答えが返ってきた。

「わかりました、すぐ向かいます」と電話を切って近くの救助隊員を集め、消防にも連絡し、集まった5人で先発した。サイレンを鳴らしながらの緊急走行で急いでも現場まで1時間半はかかるだろう。小雨が降り続いているなか、到着するまで持ちこたえることができるか心配だった。

登山口で車を降り、最小限の救助用具を持って登山道を急いだ。現場には若い水源管理事務所職員が待っていた。現場を見ると20メートルほど上の崩壊箇所の真ん中あたりに、60歳くらいの男性が斜面にしがみついたまま身動きがとれず、手足をブルブルと震わせている。一刻の猶予も許されない。

私は「いま行くから、もう少し頑張るんだぞ」と大声をかけ、すぐハーネスにザイルをセットし、隊員の確保で脇の登山道から崩壊箇所を登りだした。

崩れず残っている立ち木にランニングビレイ*5を取りながら遭難者の横を10メートル

ほど上まで登り、大きな立ち木に支点を取って遭難者のところまでロアーダウン[*6]した。危機一髪であった。遭難者は激しく震えていた。それはそうだろう、大雲取谷まで足元が50メートル以上も切れ落ちた不安定な斜面に、2時間以上も同じ体勢でへばりついていたのだから。

スリング[*7]で簡易ハーネスを作って装着させ、それにザイルをセットしてゆっくりゆっくり確保を緩めながら登山道まで降ろさせた。登山道に着いた遭難者はへなへなと座り込んでしまった。今回は死亡事故にならなくてなによりだった。

通行止め後も相次ぐ転落事故

2010年、雪解け時期にまた上部の土砂が大量に崩れた。ゴールデンウイークまでにようやく整備が間に合い、4月28日に通行止めが解除された。

翌29日、ゴールデンウイーク初日の夕方、雲取山荘二代目の新井晃一君から私に電話があり、山荘のスタッフが昨日解除された大ダワ林道を登ってきたのだが、整備したばかりの場所でまた上から大規模な崩壊があって通行できなくなっていたという。「通行不能なので上のほうは大ダワに通行禁止の看板を出すので、下は登山口に通行止めの標示をしてほしい」というものであった。

私はすぐ水源管理事務所に連絡を入れた。そして翌日、日原駐在所の前田小隊長に確認のため現場に登ってもらった。その結果、崩壊はこれまでにないほどの大規模なもので、登山道の通行は不可能であることが判明した。かくしてまた長期の通行禁止の措置がとられることになったのである。

通行禁止の看板を出したとしても、物理的に通行ができないわけではない。昔からこのルートを利用していた登山者は、崩壊箇所など少し高巻けば通過できると、高をくくって平気で入っていく。

1カ月半後の6月13日、男性二人が大雲取谷を釣り上がっていくと、午前11時15分ごろ、崩壊現場の下の大雲取谷左岸の岩場の上に男性が倒れているのを発見した。対岸から声をかけたがまったく動かないので急いで下山し、日原駐在所に届け出た。前田小隊長からの110番で山岳救助隊を招集し出動した。

沢を渡って現場に到着すると、登山者と思われる男性（70歳代）が倒れていた。すでに硬直などが見られ、死亡状態であった。上の支尾根に滑落痕があり、沢に降り崩壊箇所を巻こうとして20メートルほど滑落したものと思われた。担架に乗せて50メートルほど上流まで搬送、消防庁のヘリにピックアップし病院に運んだが、医師によって死亡が確認された。

翌２０１１年10月1日、大雲取谷に沢登りにきた4人パーティが同じく崩壊箇所の下の沢の中に倒れている男性を発見。近くから声をかけるも反応がないため日原林道の車まで戻り、日原駐在所に届け出た。山岳救助隊が出動したところ、昨年の転落者よりわずか下流で、川に足を浸けた状態で男性（60歳代）が倒れていた。上部の崩壊土砂で埋没した登山道をトラバースしようとして転落したものと思われた。近くにキノコが入ったポリ袋が落ちていたから、キノコ採りにきて誤って転落したものか。消防の救急隊長が死亡を確認後、バスケット担架に乗せて約50メートル上の登山道まで引き上げ、日原林道まで徒手搬送し収容した。

止まらぬ大ダワ林道の崩壊

２０１０年以降、現在まで大ダワ林道の通行止めは解除されていない。もう修復は不可能だろう。長く登山者に親しまれてきた登山道なのだが、これ以上犠牲者を出すことはできない。いくら整備をしても、上からの崩落が止まらない。上の斜面を調査すると、地面に幅30センチもあるクラック[*8]が何本も走っている。近いうちまた大規模な崩壊が予想される。登山道を管理する東京都水道局の水源管理事務所でも、この登山道の修復は諦めたようだ。代わって新しい登山道の線引きを模索しているが、二軒小屋尾根を大きく芋ノ木ドッケ方向に登り上げ、大ダワ方向にトラバースするという新しい登山道の設置案が有力なようだ。

いずれにしても設置までには時間がかかる。それまではこの大ダワ林道も通行止めが続くと思われるが、くれぐれも事故の多い登山道に立ち入って犠牲者とならないようお願いしたい。

＊1 **出合** 沢と沢とが合流するところ。

＊2 **エバックハーネス** 要救助者の胴体を包み込むように装着し、主に吊り上げ救助に使用する救助用具。

＊3 **水源管理事務所** 東京都水道局は多摩川水源域の安定した河川流量の確保と小河内貯水池（奥多摩湖）の保全を図るため多摩川上流の森林を「水道水源林」として管理している。

＊4 **高巻き** 滝や沢などを通らずに迂回して登っていくこと。

＊5 **ランニングビレイ** 登りながら要所で木やハーケンなどの支点にザイルをセットすること。

＊6 **ロアーダウン** 確保してもらいながら、支点を介したザイルに荷重をかけて徐々に下っていくこと。

＊7 **スリング** ナイロンテープをリング状に結んだもの。あらかじめリング状に縫製して市販されているものが強度もあり主流（ソウンスリング）。支点との連絡、セルフビレイなどに使用する。

＊8 **クラック** 岩にできた割れ目のこと。幅の程度は、指が入るくらいのものから半身が入るものまでさまざま。

道迷い

道に迷って沢に降りたら死ぬぞ

登山道でない小道が人気に

奥多摩における重大遭難事故のほとんどは「道迷い」「転落、滑落」によるものである。これは奥多摩に限らず全国的な傾向だと思う。そしてそういう事故を起こす遭難者のほとんどが、経験の少ない単独行者と高齢者だ。山は非日常の世界だから、まかり間違えば命を落とすことになる……などと考えたこともない登山者が、「奥多摩くらいなら」と気軽にやってくるのである。

2010年9月、「奥多摩の山に行ってくる」と言って神奈川県K市の自宅を車で出た男性Nさん（46歳）が翌日になっても戻らないと、家族から地元警察署に捜索願いが出された。

翌日から山岳救助隊でNさんが乗って出た車の捜索を行なったところ、五日市署の山岳救助隊が車を発見したという情報が入り、Nさんは五日市署管内の山に登っていると考えられることから、当署の山岳救助隊は捜索を打ち切った。

ところが1週間ほどして、五日市での車発見情報は誤報と判明した。再度、当署管内の駐車場や林道などの捜索を開始したところ、真名井《まない》沢林道に停まっているNさん使用ナンバーの車を発見した。車は鍵をかけて真名井北稜の登山口林道に停めてあり、Nさんは真名井北稜から川苔山に登ったものと思われた。Nさんが行方不明になってからすでに1週間が経過している。厳しい状況ではあったが直ちに山岳救助隊を招集し、2個班に分かれて真名井北稜と赤杭尾根に入山し捜索を開始した。しかし夕方下山した両班ともNさんに関するなんの情報も得られなかった。

真名井北稜は登山地図などでは正規の登山道として扱われていない。昭文社の登山地図でもグレーの破線で表記され、登山道ではない小道とされている。しかし最近では、通常の登山道では飽き足りない登山者が、よりスリリングなバリエーションルート*1として入り込むことが多くなった。そのようなルートを専門に紹介した本なども何冊か出版されている。登山道として扱っていないので役所では整備していないから、地図読みのできない初心者には、そういう場所での道迷いなどによる事故も多いのだ。

翌日は浮遊臭気に反応する警備犬2頭も含め、4個班態勢で真名井北稜を中心に両サイドの沢、北側の大丹波川支流と南側の真名井沢を重点にして捜索に入った。私は二人の隊員とともに大丹波川上流の枝沢を登り、広い尾根に取り付いた。踏み跡は途中で消えてしまったが、そのまま尾根を登り続け、1時間ほどで真名井北稜に登り上げた。稜線はガスって視界が利かなかったが、このまま北稜を赤杭尾根まで詰めようと登りだした。

しばらくして、南側の真名井沢を遡行しながら捜索している第2班の無線が、警視庁通信指令本部[*2]を呼び出して緊急連絡を入れているのが耳に入ってきた。「真名井沢の上流部で男性登山者の遺体を発見した」というものであった。いま捜索しているNさんであるかどうか、所持品などを確認中だという。私たちも北稜を上に急いだ。第2班から続報が入り、「死亡している男性は、所持品などから行方不明になっているNさんと思われる」という。

途中、支尾根の分岐で、上から下りてきた第3班の3人と合流した。そこは上から下りてくると尾根が二つに分かれるところで、いま私たちが登ってきた左へ急に落ち込む尾根が本来のルートなのだが、真っすぐ真名井沢に向かう尾根が北稜のルートのように見え、踏み跡もある。Nさんは誤ってこの尾根に踏み込んだのだろう。下山の際、最も迷いやすいケースがこれだ。

支尾根を下っていくと途中から尾根は狭まり急になってくる。真名井沢が見えるあたりまで来ると、ザイルなしでは降りられなくなった。ここまで来ればNさんも迷ったことに気づいたはずだが、登り返すことをしなかった。そのまま無理してでも沢に下降する。そして滑落。道迷い遭難に最も多いパターンである。下の沢の中にNさんを発見した第2班の二人の姿も見える。私たちはザイルをセットして急な尾根を真名井沢まで懸垂下降し、第2班と合流した。

迷っても谷には降りるな

Nさんは尾根の末端から30メートルほど下流の真名井沢に、両足を水に浸け仰向けに倒れて亡くなっていた。左岸の急なルンゼ状に20メートルほどにわたり滑落痕が見てとれた。Nさんの亡骸《なきがら》に手を合わせ、収容方法を考える。すでに午後2時をまわっている。沢の中を担架で搬送するとなれば、夜間作業になることは目に見えている。ヘリの出動を要請したが、上空は相当にガスが濃いし、谷も深く、あたりは樹林に覆われている。ヘリで吊り上げられるか不安であった。

心配をよそにヘリコプターのローターの音が聞こえてきた。救助用ヘリが上空を旋回していた。ヘリと無線で連絡を取り、右岸の少し高台に空が望める場所があるので、雑木を少し伐採させてもらい、そこから吊り上げることにした。隊員が一人ホイストで降下してきた。バスケット担架にNさんの遺体を乗せ、不安定な高台まで搬送する。いったん離脱していたヘリは再度進入し、40メートルほど上空でホバリング、吊り上げ態勢に入った。合図をするとホイストに吊られた担架と隊員はゆらりと宙に浮いた。無事に機内に収容し、ヘリは大きな音と爆風を残し下流に飛び去っていった。午後3時20分であった。

ヘリコプターのおかげで、暗闇の沢の中を担架搬送することだけは免れた。それでも警備犬なども連れて真名井沢出合に下山したのは、午後5時半を過ぎていた。

これからもこの手の初心者型遭難が多くなることが懸念される。我々救助する側は、「道に迷って沢に降りたら死ぬぞ」との警告を、何度も何度でも、口が酸っぱくなるほど発していかなければならないのだと思う。

＊1　**バリエーションルート**　一般登山道以外の整備されていないルート全般。

＊2　**警視庁指令本部**　通信指令センターで110番通報を受理し、その事件、事故の内容をリアルタイムで把握。警察署やパトロールカーなどに必要な無線指令を行なう部署。

二つの遭難死

いまだ見つからない御前山の遭難者

2000年11月26日は日曜日で、朝から天気も好かったが、登山者はそう多いというほどでもなかった。

午後になって10月21日御前山に登ったまま行方不明になっているKさんの奥さんと娘さんが、東京都山岳連盟*1の救助隊員と一緒に奥多摩交番に立ち寄った。Kさんの手掛かりを探して御前山に登ってきたのだという。

Kさんが行方不明になってから1カ月過ぎたがなんの情報もない。警察でも1週間、懸命に捜索したが見つからなかった。週末になると早朝から奥多摩駅前で、電車から降りる登山者にチラシを配り、情報提供を呼びかける母娘の姿を見るたび、かけてやる言業も見つからない。

今日も御前山に登ってなんの手掛かりも得ることなく帰る母と娘に、私は「木々の葉が落ち切って見通しが利くようになったらきっと捜してやるから」と声をかけてあげた。

2カ所で遺体を発見

午後3時20分、鳩ノ巣駐在所の吉村警部補から「西川上流に男の死体があるのを、地元の人が見つけてきた」と奥多摩交番に電話が入った。発見者が現場まで案内してくれるという。

私は山岳救助隊を召集し、本署の刑事課にも連絡を入れた。

西川は本仁田山が水源で、多摩川の鳩ノ巣渓谷に流れ込む沢である。今日、地元のSさんが本仁田山に登り、西川上流の岩場にあるイワタケを採ろうと西川を下降してくると、伏流となって水のない沢の中に倒れている男性の遺体を発見した。Sさんは急いで下山して鳩ノ巣駐在所に届け出たものだった。

山岳救助車で西川林道を3キロほど登っていくと、西川の入渓口に最古参の山岳救助隊員でもある吉村警部補と発見者Sさんが待っていた。

ここから道のない山林の急斜面と、ワサビ田のある西川の沢を10分ほど登ったところに遺体はあるという。隊員1名を後続する捜査員への連絡のため下に残し、救助隊員4名はSさんの案内で登っていった。四つん這いになるような急登と、沢へのトラバースを繰り返し、日没間際の午後4時40分現場に到着した。

そう古いと思われない高齢の男性遺体は、コールテンズボンに膝までのソックスで、靴は履いていなかった。長袖シャツにチョッキと、登山者のようにも見えるが、ザックなどの持ち物はない。いつの間にか日は暮れて暗闇となった。ヘッドランプを点けチョッキのポケットを調べるとコンパスと財布が出てきた。財布にバスのシルバーパスが入っており、名前はFさん（74歳）であることがわかった。また折り畳んだ新聞の切り抜きも入っており、そこには「晩秋の奥多摩、本仁田山」の記事が書かれてあった。

Fさんは本仁田山に登山して道に迷い、西川に入り込んで凍死したものとも思われた。しかし本仁田山や隣の川苔山で、登山者が帰らないという捜索願いは出ていない。暗闇での遺体収容は無理なので、収容は明日にすることとし、林道まで到着している捜査員は登ってこないよう無線で連絡を取り、我々もヘッドランプの灯りで下山にかかった。

午後7時半ごろ奥多摩交番に帰ると、今日は休みのはずの石北救助隊長らが出てきていた。私たちが西川に入っているあいだに、もうひとつの遺体捜索があったとのことである。午後3時過ぎに青梅本署の刑事課に、釣り人からの電話で「小河内ダム下流の、多摩川に架かる吊り橋の下の川原に、人の遺体らしきものがあった」との情報が入り捜索したが発見できず、いま交番に引き上げてきたというものであった。

私は石北救助隊長と、捜査員も交えて協議した。明日は山岳救助隊を本仁田山西川の登山者遺体を引き降ろす班と、多摩川の遺体捜索、収容する班の二つに分け、捜査員もそれぞれ同行し、午前8時半から開始することにした。

2個班に分かれて遺体を収容

翌27日も好天に恵まれた。私は本仁田山の遺体収容に当たることとし、西川林道を入渓口まで車で登った。本仁田山の班は救助隊員が5名と捜査員が4名の9名。多摩川捜索班は救助隊員が4名、捜査員が5名の9名態勢である。

折り畳み式のバスケット担架やザイルなどを背負い、昨日登ったスギ林の急斜面をジグザグに登っていく。滝の上に出て沢までのトラバースが悪い。あとは傾斜の落ちた沢通しに、ゆっくり40分登ると、Fさんの遺体が昨日のまま横たわっていた。昨日の夜、捜査員が調査した結果、Fさんは都内A市に一人で住んでおり、新聞が11月4日分から溜まっているので、近所の人が心配し、都内T市に住むFさんの妹に連絡した。妹さんから19日地元のA警察署に捜索願いが出されていたという。妹さんもFさんが山に登っていたことは知らなかったろう。

実況見分は捜査員に任せて、救助隊員はFさんの所持品の捜索をした。その結果、遺体から約10メートル上流に帽子や眼鏡などが置いてあった。さらに20メートルほど行くと、トレッキングシューズが沢の中に脱がれてあった。

そのすぐ上に仕事道ともケモノ道ともわからないような踏み跡があり、最近通ったと思われる跡がある。おそらくFさんはここを降りてきたのだろう。その踏み跡をたどってしばらくトラバースぎみに登っていったが踏み跡を見失ってしまい、結局ザックなどの発見はできなかった。

Fさんは新聞に載った「晩秋の本仁田山」の記事を見て、11月4日ごろ家を出て鳩ノ巣から本仁田山に登ったのだろう。そうして大根《おおね》ノ山ノ神から本仁田山に続く登山道の、いずれかの場所で道に迷い山の中をさまよったあげく、あの踏み跡を見つけ西川まで降りてきて、夜の寒さに凍死してしまったのではないだろうか。

Fさんの遺体は、日にちが経っている割りに傷みが少ない。標高が高い上、沢の中で日当たりが悪いためなのだろう。

遺体をバスケット担架に乗せ運ぼうとしたとき、多摩川の捜索班からの無線が入った。小河内ダムの下流、多摩川右岸で男性の遺体を発見したという。そして所持品の手帳の名前を確認したら、なんとその遺体は先月から御前山で行方不明になっていたKさんらしいという。

意外なところから唐突として現れたKさんの遺体の報に、先月Kさんの捜索に従事した救助隊員はみな驚きの声を上げた。私も複雑な気持ちでその無線の報告を聞いた。

Fさんの遺体を乗せたバスケット担架は、ザイルで確保しながら、沢のトラバースや道のない急斜面を、ピッチを切りながらの搬送を繰り返し、2時間かけて西川林道まで降ろした。下には多摩川でKさんの遺体を収容し終えた救助隊員が応援に来て待っていた。昨日から続いた二つの遭難遺体の収容はすべて終わり、遺体は検視のため青梅署に運ばれていった。

精神錯乱による脱衣で凍死

翌日私は、収容に当たった境隊員に案内してもらい、Kさんの遭難現場を見にいった。小河内ダムの発電所の鍵を開けてもらい、ダム下を多摩川右岸に渡り、いまは立入禁止の看板が立てられ、廃道となっている東京電力の巡視道[*2]を、200メートルほど下流に行ったところのルンゼ状の沢が現場であった。

Kさんはその廃道から約15メートル下の川原に転落したとみられ、両足を多摩川に浸けたまま横たわっていたという。多摩川の左岸を通っている車道からは、木々がしげっていて入江になっている現場は見えない。

Kさんは登山靴やズボンを脱ぎ、傍らに置かれていたというから、落ちて即死ということではなかったらしい。医師の所見には「凍死したものと思われる」とある。昨日のFさんの場合もそうであるが、寒さのため精神が錯乱し、靴やズボンを脱ぐということは凍死の場合よくあることだ。

持っていた食料などからみて、Kさんは御前山に登ったあと、大ブナ尾根をダムに向かって下山途中、サス沢山を過ぎたあたりで迷ったか落ちたかして、尾根に登り返すことなく、そのまま多摩川の右岸まで下ったものだろう。

大ブナ尾根は重点的に捜索した。私も6日間に三度通って捜索している。以前何度か転落事故なども起きているからだ。危険箇所はザイルなどで降りて捜した。尾根の両側の沢、シダクラ沢、サス沢、水久保沢、ヘビ沢などもすべて捜索に入った。しかしダム下の多摩川まで降りてきていたとは予想外だった。もっと早く捜し出してやれなかったことに無念さが残る。

残されたKさん母娘も、Kさんの死が現実となってしまった落胆と、見つかってよかったという喜びとが、複雑に心の中で交差しているに違いない。

山岳救助隊員は、山でのさまざまな救助活動に携わるたび、そこに人間ドラマを見る。仕事と割り切ってはいるのだが、そのたび心の中に喜びや悲しみ、無念さなどが残るのだ。

＊1 **東京都山岳連盟** 登山教室やさまざまな講習会といった活動や山岳耐久レースの開催などを行なっている。2007年に社団法人となった。通称都岳連。

＊2 **巡視道** 水源林や送電線などの点検や巡視をするための細道。地形図や登山地図には記載されていない。

はぐれ遭難の狩倉山

仲間の一人が消えた

石尾根《いしおね》の六ツ石山《むついしやま》の東に狩倉山という小さなピークがある。石尾根登山道はそのピークを通らず南側を巻いて六ツ石山分岐に出るのだが、防火帯がその山頂を通っているので防火帯沿いに狩倉山に登る人も多い。

2011年7月3日午後5時40分ごろ、日帰りで鷹ノ巣山に登った3人パーティのうち一人が行方不明になったと救助要請が入った。

午前9時ごろ奥多摩駅から鷹ノ巣山を目指した定時制高校時代の仲間Mさん（48歳）、Tさん（38歳）、Iさん（35歳）いずれも男性の3人は、石尾根縦走路を登っていった。年に何度か一緒に山を登ったりマラソンに挑戦したりする仲間で、軽装備であった。三ノ木戸山《さぬきどやま》を越えて狩倉山下の防火帯あたりで、少し離れて先頭を歩いていたTさんの姿が見えなくなった。少し霧も出ていたことからほかの二人は急いで後を追い、巻き道に入って六ツ石山分岐まで来たがTさんの姿はなく携帯電話もつながらず、狩倉山まで防火帯を戻って捜したが発見できなかった。その後二人は二手に分かれ、Iさんは六ツ石山から水根方向に、Mさんは鷹ノ巣山から稲村岩尾根を日原方向に捜しながら下ることにした。

午後2時ごろ、稲村岩尾根を下っていたMさんは携帯にTさんからの留守電が入っているのに気がついた。電波状態が悪く途切れ途切れではあるが、「道に迷って転落し、ケガをして動けない。助けてくれ」というものであった。居場所はまったくわからず、「二人が見えなくなったところから30分ほどして転落した」とのことだった。その後Tさんの携帯はつながらず、MさんはIさんに連絡して再び狩倉山に登り返し、見失った付近をTさんの名前を呼びながら捜したが発見できなかった。

Tさんを捜している二人から依頼を受けた下山中の登山者が、携帯がつながる場所まで来て110番通報したのが午後5時40分。日没も近いことから、とりあえず高田副隊長、彌寝《ねしめ》隊員が三ノ木戸[*1]から石尾根を六ツ石山まで、佐藤隊員が水根からトオノクボ経由で六ツ石山までの一般登山道の捜索に入った。Mさんらに携帯で状況を聞きながらの捜索であったが、どちらもめぼしい発見はなく、六ツ石山で合流した3人はハンノキ尾根から境集落に下山し、午後10時50分に捜索を打ち切った。奥多摩消防署の山岳救助隊も石尾根を中心として捜索したが、なんの情報も得られなかったようである。

翌4日、12人の隊員が4個班に分かれ、狩倉山、六ツ石山を中心としたバリエーションルートとして登られている尾根や沢、水源林の巡視路などを中心に捜索することにした。昨日Tさんの携帯に架電していた川津隊員の携帯に、今朝方午前6時27分にTさんから着信があり、電波状態は悪かったが、「2〜3メートル滑落し、頭にケガをした。いまいるところはわからない」、その程度の会話をして電話は切れたという。まだ大丈夫だ、でも今日中になんとかしなければと隊員は意気込んだ。消防はヘリで稜線まで飛び、稜線から下に向かって捜索するとのことであった。

私は救助隊で一番若い市川隊員と、六ツ石山を源流として南東に流下し、境集落付近で多摩川に注ぐ小中沢《こなか》に入り、ワサビ田が多く見られる中流域を捜した。この日は気温が34度と蒸し暑く、熱中症に注意しながら午後は石尾根稜線を将門馬場《まさかどばんば》までたどり、タル沢尾根を日原集落まで下りた。要所要所で声を張り上げてTさんの名を呼び続けたが返事はなかった。各班も第1班は山ノ神尾根〜狩倉山〜日陰指《ひかげさす》尾根、第2班は水根沢林道〜鷹ノ巣山〜稲村岩尾根、第3班は三ノ木戸〜石尾根縦走路〜ネズミ指尾根と捜したが、なにも手掛かりを得ることができず夕方下山した。消防の山岳救助隊も手掛かりはなく、明日の捜索はいったん見送るが、なにか手掛かりがあったら連絡をもらえれば出動するとのことだった。

パーティのMさんは、旅館に泊まり込んで捜索の行方を見守っている。明日はMさんにTさんを見失った地点まで一緒に登ってもらい再検証をすることにした。

「声が聞こえた」の無線入る

翌5日、捜索3日目である。昨夜は大雨が降った。食料はなく、Tシャツに短パン、スニーカーと軽装の遭難者の安否は、今日発見されなければ厳しいだろう。

今日も13人の捜索隊員が4個班に分かれ、Tさんが見えなくなった周辺の未捜索の支尾根、沢を中心に捜索する。私は昨日と同じく市川隊員と組み、第3班として小中沢の上流を中心に六ツ石山南側に多くある仕事道に入った。第4班の高田副隊長の班に捜索依頼者のMさんが同行し、遭難者を見失った地点の検証を行なうことにした。第1班は稜線北側の家入《いやいり》沢〜狩倉山〜タル沢、第2班は石尾根縦走路〜六ツ石山間の仕事道にそれぞれ入山した。

私はTさんが電話で「二人とはぐれてから30分くらいしてから転落した」と話したと聞いて、六ツ石山南側を源流とする沢、小中沢にこだわった。小中沢上流部に何本もある水源管理巡視道をくまなく捜してみようと思ったのだ。

今日も暑くなった。右岸上部の巡視道を小中沢源頭付近まで登り、石尾根稜線登山道の下部を平行に走る巡視道を捜して昼食をとった。午後は巡視道を登山道に平行してトオノクボ方向に下る。トオノクボ付近でハンノキ尾根に合流し、そのままハンノキ尾根を下る。イソツネ山付近は草が生《お》い茂って、踏み跡も不明瞭だ。

あと20分も下れば境集落に着くというとき、第1班から通信指令本部に無線連絡があった。第1班は家入沢を登り、タル沢を下っている佐藤、禰寝両隊員の班だ。「山ノ神尾根の支尾根をしばらくタル沢側に下り、呼びかけると下のほうから応答があった」というものである。

「おっ、いたぞ」。私は市川隊員に声をかけると走るように下りはじめた。ここから登り返したら2時間半はかかる。下って車で石尾根を回り込み、北側の小菅《こすげ》集落から山ノ神尾根を登ったほうが早いかもしれない。次々に佐藤隊員からの報告が通信指令本部に入る。二人は急な枝沢を下って声の主と合流したという。「行方不明者のTさんに間違いありません。頭をケガしており、衰弱しているが意識は鮮明です」。さらに「介添えすれば歩行も可能です。50メートルほど上に少し開けた場所がある。そこまで上げるので、航空隊にヘリを要請願いたい」と伝えている。

私と市川隊員は境集落に下山した。交番からの車を待っているあいだ、佐藤隊員と無線通話をした。「ヘリでピックアップできそうか、どうぞ」「なんとか大丈夫だと思います、どうぞ」。ヘリが大丈夫なら1時間もあれば救助可能だろう。まだ午後3時半だ。私たちは奥多摩交番から迎えにきた車で氷川から日原街道に入り、大沢マス釣《つり》場《ば》から小菅集落に登り上げた。ここは山ノ神尾根の登山口だ。もしヘリ救助が不可能なら、山ノ神尾根を登って現場に駆けつければいい。

高台の伽藍《がらん》神社の階段を昇ると、真正面に狩倉沢全体を見渡すことができた。現場には稜線近くにいた第2班も合流し、遭難者を60メートルほど上流に移し、ピックアップできる態勢を整えている。すでに警視庁航空隊のヘリコプター「おおとり8号」が立川の航空隊を離陸してこちらに向かっているという。

15分もするとヘリのローターの音が聞こえてきた。狩倉山の相当に高いところを旋回している。ヘリは下の現場と無線交信し、照明弾を発射してくれと言っている。しばらくして山ノ神尾根の裏側のタル沢からピンクの閃光が白い煙の尾を引いて打ち上げられ、放物線を描いて消えた。煙はしばらく消えないので、私たちも初めて現場の位置を確認できた。

現場を確認したヘリはいったん狩倉山の裏に消え、しばらくして再飛来し高高度から旋回しながら高度を落としたが、葉の生い茂った樹木に阻まれて現場を見失ったのか、ヘリは再度照明弾を発射するよう無線で依頼した。

しばらくして照明弾が連続して打ち上げられた。ヘリは徐々に高度を落としてホバリングに入った。こちらからは前の山ノ神尾根が邪魔になり、ヘリの機体が半分ほどしか見えない。ずいぶん長いあいだホバリング態勢をとっていた。航空隊員がホイスト降下したのだろう。ヘリの緊張した操縦と、下の現場の緊迫した行動が目に見えるようだ。続いて遭難者の担架の吊り上げ、誘導ロープの確保。山岳救助隊と航空隊との絶妙な連携プレー。ヘリが高度を上げた。遭難者を機内に収容したのだろう。徐々に高度を上げ、大きく旋回し機首を下流に向けて飛び去った。私と市川隊員は思わず拍手をしていた。現場の佐藤隊員から通信指令本部への報告が入った。「午後4時57分、遭難者を無事「おおとり8号」に収容し立川の災害医療センターに搬送。人員装備異常なし、どうぞ」。石尾根の北側にこだわった佐藤、彌寝隊員の読みがピタリと当たった救助活動であった。

私と市川隊員は車で奥多摩交番に戻った。車から降りると、遭難者のメンバーMさんが走ってきた。交番に待機して、現場の生々しい救助活動の無線を聞いていたのだろう。「ありがとうございました」。泣き顔である。「無事でよかったね。すぐ病院に行ってやったほうがいい」と答えると、「ありがとうございました」と泣きながらMさんは駅に走っていった。

それから3時間ほどして救助隊員は全員下山し、3日にわたった救助活動は終わった。ろくな休憩もとらずに道のない急傾斜を捜し回り、疲労もピークに達しているはずなのに隊員の顔はみんな明るく、会話も弾んでいる。やはり遭難救助は、生きて救助しなければならないのだ。

初心者と家族連れに多い「はぐれ遭難」

Tさんはなぜタル沢などに迷い込んだのだろう。狩倉山に続く防火帯にはジグザグに踏み跡がついている。正規の登山道でないから明瞭とはいえない。そして途中、防火帯をそれて北側へ平行に入り込む細い仕事道がついている。Tさんはそれに迷い込んだのではないだろうか。霧も出ていたという。その踏み跡をたどれば山ノ神尾根に続いている。その左側の沢がタル沢である。防火帯からそれて道が不明瞭になった時点でなぜ戻らなかったのだろう。一人で来ているのではなく、大声を出せば聞こえる距離に仲間もいるのだ。焦る気持ちがだんだん深みへと導いていく。初心者型の道迷い遭難である。「はぐれ遭難」は初心者と家族連れにとくに多い。パーティの分離、分裂は大きな遭難事故に発展することを肝に銘ずべきである。

発見されたときTさんは、ケガをした頭部にタオルを巻いていたというが、そのタオルの血の臭いを嗅ぎつけておびただしいハエが寄ってきて、そのタオルは真っ黒に見え、ハエを追い払うと、その血の痕に無数の卵が産みつけられていたという。それでも救助隊の呼びかけに大声で応答できたから助かったのだ。とはいうものの、短パン、Tシャツ、スニーカーと軽装。食料、雨具、ヘッドランプなしの不備。こんな山に対する無知によって1カ月も入院する羽目となってしまった。

その後の8月28日、狩倉沢の東側、日陰指尾根を挟んだ隣の沢、家入沢に単独で入渓したT県に住む64歳の女性が戻らず、ご主人から捜索願いが出された。翌日の朝から捜索に入ったところ、家入沢の中流域の滝下で転落死している遭難者を発見し収容した。今年2件目の遭難死者である。今年1件目の死亡事故も4月に、狩倉沢と家入沢のあいだの岩尾根、日陰指尾根をパーティで登っていた67歳の女性が、岩場で約20メートル転落して死亡するという事故であった。

なんか今年は日原川支流域が危ないぞ。

＊1 **三ノ木戸**　奥多摩氷川地区の最も高いところに位置する集落。

六ツ石山から帰らぬ二人

下見登山で行方不明に

大きな台風が日本列島を通過し、めっきり涼しくなった1996年9月30日の夜、一杯飲んで床についたら、「職場から電話だ」と起こされた。この時間帯、私に来る電話は山岳事故に違いない。やはり山からの未帰宅者の捜索であった。ある山岳会の定例山行前に、下見のため六ツ石山に登った高齢者2名がいまだ帰宅しないと届け出があったため、明朝7時から捜索するというものであった。

翌朝目を覚ますと、外は冷たい雨が降っていた。未帰宅者は都内C区在住のSさん（68歳）とK市のHさん（67歳）の男性2名で、小河内ダムから直接六ツ石山に登り、石尾根を氷川に下山するコースをたどったのではないかと思われた。とりあえず、六ツ石山に到る3コースに分かれ、登山道を捜索することとした。

台風の影響で大木が倒れ、登山道は荒れていた。昼過ぎに各班は六ツ石山頂で合流したが、どの班もなんの手掛かりもつかめなかった。雨は容赦なく降り続き、合羽を通して着ているものを濡らし、寒くて昼食をとることもできず、各班は再び違うルートを捜索しながら下山した。

午後5時、全員が山岳救助隊本部のある奥多摩交番に集結したが、手掛かりはなにもなく、明日は六ツ石山に突き上げる各沢の捜索をすることとした。どこか岩の窪みにでも入って、二人でこの雨をしのいでいてくれればと願うのみであった。

10月2日、雨はあがったが濃い霧のなか、早朝から警備犬3頭も加わり、宇藤青梅警察署長指揮で捜索は再開された。私は無線担当として本部に残った。

新聞各社が朝刊で「六ツ石山から二人帰らず」と報道したおかげで、目撃情報が電話で何本か本部に寄せられた。そのうち29日の午後2時ごろ、三ノ木戸山周辺でそれらしい二人を見たというものが、最も有力な情報であった。

石尾根の登山道は、六ツ石山から降りてきて三ノ木戸山の山頂は通らず、北側を巻いてついている。三ノ木戸山頂までは防火帯があり、ピークハントをする登山者がたまに登る踏み跡もあるのだが、情報によると、その日は台風によって倒れた大木が登山道を塞いでおり、登山者はみな三ノ木戸山頂への踏み跡をたどっていき、山頂には30人ほどの登山者がたむろしていた。しかしその先に道はないと知り、みんな引き返すなか、新聞に出ていた服装に似ている二人が、道のない急斜面を降りていくのを目撃したというものである。

私も昨日の捜索で、道を塞いでいる大木は確認しているので、その情報にはより高い信憑性があった。

捜索範囲は狭められた。三ノ木戸山の下を流れる小中沢を中心に捜索は開始された。なかでも以前にも転落事故が起きている、三ノ木戸林道上部の岩場周辺で遭難している可能性が高い。

無線を通して「1名の遺体発見」の第一報がもたらされたのは、それから2時間後のことである。服装などからSさんではないかと思われた。やはり岩場の下で転落死しているのを発見されたという。さらに30分後、そこから１５０メートルほど離れたところでHさんと思われる遺体も確認された。最悪の結果となってしまった。なんともやりきれない気持ちで、私は山岳救助車に担架を積み込み現場に向かった。

三ノ木戸林道終点の手前から斜度30度ほどのヒノキ林の急斜面を、石尾根方向に約３００メートル登ったところが現場であった。最近フリークライミング[*1]でも使われている、30メートルほどの垂直の岩場の上から転落し、さらにヒノキ林の急斜面を40メートルほども転げ落ち、切り株に引っ掛かって止まったものと思われる。

うつ伏せで、くの字に折れ曲がったSさんの遺体は雨に濡れ、なんとも痛々しい。そこから急斜面を水平に約150メートル西にトラバースするともう一体、Hさんが仰向けの状態で息絶えていた。三ノ木戸山から道のないところを下ったとすれば、おそらく岩場の上あたりで薄暗くなっていたろう。Sさんが岩場の上から誤って転落し、Hさんは岩場を回り込み下に降りようとしたが、疲れからかこれも転落したのではないかと思料された。あと300メートル下れば林道に出ることができたという、なんとも痛ましい遭難事故であった。

遺体はその日のうち、山岳救助隊の手によって、バスケット担架に乗せられ収容された。

過信は禁物

翌日の新聞に遭難概要が載り、「二人とも登山歴15年のベテランであった」と出ていた。登山は15年やればベテランと呼べるかどうか私は知らない。年齢から逆算すると二人とも、50歳を過ぎてから登山をはじめたことになる。

死者を鞭打つようで忍び難いが、こんどの事故で二人は、道がなくなった時点で迷ったことを認識したはずだ。それを道のあるところまで登り返すことをしなかった。

そして疲れているからとはいえ「下に降りる」という、肉体的に最も楽で安易なほうを選んだ。服装も半袖シャツに薄いヤッケ。秋の日は釣瓶《つるべ》落とし。あの服装では雨の日のビバークには耐えられない。

テレビニュースで、六ツ石山に登っている中高年登山者数名がインタビューを受けていた。「信じられない。なんでこんな山で遭難するんですか」とだれもが答えていた。ベテランなのだろう。六ツ石山ぐらいならなんのアクシデントもなければ、そんなに難しい山ではない。しかしあのインタビューに答えていた人の中で、雨の山中においてサバイバルできる人は何人いただろう。自然を甘く見る人間は、何年登山をやっていてもベテランとは呼べない。

＊1 **フリークライミング** 安全のための確保用具のみで岩場などを登るスポーツ。自然の岩場以外に、人工の岩を登るインドアクライミングも含まれる

仲たがいなんてロクなことにならない

「相棒が下りてこない」

2010年9月17日午後7時30分、自宅にいたところ山岳救助隊の佐藤隊員から電話が入った。

「水根登山口から鷹ノ巣山に登った40歳代の男性SさんとNさんの二人が、下山途中で感情のもつれからSさんが一人で先行し、水根の駐車場まで戻ってきて車でNさんを待っていたのだが、相棒が暗くなっても下りてこないと届け出を受けた。これから清原小隊長と倉戸《くらど》山から榧《かや》ノ木《き》尾根、水根沢林道を捜索してみる」との連絡であった。

「夜間であることから十分に注意して、絶対に無理しないように」と指示をした。午後9時ごろ佐藤隊員に電話してみる。「いま清原小隊長と榧ノ木尾根を登っているが発見に至っていない。これから水根山南側分岐から水根沢林道を水根集落に捜索しながら下山する。発見できなければ明日も捜索になると思う」という。

翌18日、私は早めに出勤した。やはりNさんは昨夜発見できなかったという。救助隊員も続々と集合してきた。届け出人のSさんも顔を出したので、再度はぐれたときの状況を聞き取り、捜索範囲を設定した。そして3個班に分かれて、榧ノ木尾根から派生する迷いそうな枝尾根や沢などに入山し捜索することにした。奥多摩消防署の山岳救助隊も出動するという。

私は橋本小隊長と奥多摩湖に注ぐ室《むろ》沢左俣に入り、途中から左岸の尾根を倉戸山頂に登り上げ、熱海に下る登山道の途中から水根に延びる尾根を下った。いずれも過去に道迷い遭難のあった沢や尾根である。下山したら、警察犬が来ているから倉戸山頂まで案内してくれという。

私と橋本小隊長は警察犬担当者と警察犬2頭を案内し、再度倉戸山まで登る。車に残っていたNさんのスニーカーの臭いを嗅がせた警察犬を山頂付近で放ったのだが、時間が経ちすぎたのか、それともNさんはここまで来ていないのか、犬は追うことをしないため、諦めてそのまま下山した。ほかの班も手掛かりをつかめず下山していた。

翌19日も3個班に分かれ、1個班は水根沢谷を遡行して入奥《いりおく》沢を下山予定。ほかの2個班は要人警護や災害救助などに活躍する警備犬2頭の応援を得て、航空隊のヘリで鷹ノ巣山まで飛んで山頂付近に降り、水根沢林道、榧ノ木尾根の枝尾根を捜索した。

ヘリは低空で空から捜索している。しかし警備犬やヘリを投入してもなんの発見もできず夕方下山した。入奥沢の班はまだ下山していなかった。

雨降谷《あめふり》の大滝上で発見

午後4時20分、奥多摩消防署から連絡が入った。今日の午後から一人で雨降谷に捜索に入った消防の宇都宮隊員から、大滝の上でNさんを発見したとの通報が入ったという。携帯電話の電波が悪く、詳しいことはわからないが、Nさんは元気でケガなどはないらしい。雨降谷は警察の救助隊もまだ捜索しておらず、明日に予定していた沢だ。宇都宮隊員は、奥多摩町に住む登山家の山野井泰史君[*1]が代表を務める「日本登攀クラブ」の会員で、山にはめっぽう強い。大滝の上で救助を待っていたNさんに食料、防寒衣などを与え、連絡のために下山中だという。

入奥沢を下山中の渡辺隊員に無線を入れると、奥集落に下山した旨の回答があった。私は「Nさんが雨降谷の大滝の上で発見された。こちらも向かうが、先行して現場に向かうように」と指示した。私たちはビバークも考慮に入れて準備し、山岳救助車で雨降谷出合に向かった。

雨降谷は沢登りをする登山者に人気の高い沢である。「雨乞い滝」とも呼ばれる大滝はその中間地点に位置し、ドウドウと水を落とす20メートルほどの直瀑である。8年ほど前、この大滝を登っていた大学生パーティの一人が転落して死亡する事故が起き、山岳救助隊は暗くなってから入渓して現場でビバーク。翌日に収容したことがある。

雨降谷出合に着いたところ、消防の部隊が入山の準備をしていた。渡辺、市川の両隊員は消防の先発隊と一緒にすでに入渓しており出合にはいなかった。Nさんはケガをしていないというので、緊急を要する救助ではない。夜間の沢登りは危険をともなう。私は高田副隊長に残ってもらい、今夜は現場でビバークをして収容は明日としたいので、消防隊員も明日の夜明けとともに入山する方向で消防署長と協議してほしい旨お願いした。

午後5時40分、私は橋本小隊長と雨降谷に入渓した。すぐにヘッドランプでの沢登りとなった。いくつも現れる大小の滝を直登したり、高巻いたりしながら細心の注意を払いつつ進む。私は何度かこの沢を登っているので地理は把握できている。

午後7時42分、先発の渡辺隊員から「遭難者と合流した。Nさんは比較的元気なので、今日は現場でビバークする。夜明けとともに救助作業にかかる」と無線連絡が入った。賢明な判断である。

私たちは大滝の下に到着した。下の岩場で市川隊員と消防の二人の隊員が焚き火をしてビバーク態勢に入っていた。渡辺隊員と消防の小林中隊長は上の現場にいるという。私と橋本小隊長も大滝を高巻いて滝上の現場に合流することにした。急なガレ場の立ち木をつかみながら強引に登っていく。70メートルほど登ると急斜面に細い獣《けもの》の踏み跡らしきものが真横に続いている。慎重にそれをトラバースする。踏み外せば下の雨降谷まで転落することは間違いない。ヘッドランプの灯りのみで慎重にトラバースしていくと、前方に渡辺隊員らの灯りが小さく見えてきた。あそこが現場だ。

午後8時40分、私たちも大滝の落ち口に降り立ち、現場に到着した。Nさんは外傷などもなく、比較的元気に私たちとの会話にも応じた。ただ立ち上がるとフラフラして、なんとも心許ない。

沢で一夜を明かして翌朝に救出

今夜はビバークとなるので薪を大量に集めることにした。夜明けまで焚き火を絶やさないようにしなければならない。焚き火はサバイバルの基本である。沢の中なので延焼の危険はない。

火が燃えだした。みんな朝から山の中を動きっぱなしなので、着ているものは汗でぐっしょりだ。昼間は暑いが9月半ばともなれば朝方は冷え込むだろう。上半身裸になって、着ているものを燃え盛る焚き火にかざして乾かす。Nさんは3日目のビバークだ。それでも今夜は焚き火がある。持参した防寒具などを着せて火のそばで横にならせた。焚き火を囲み、うとうとしながら8時間も火を絶やさず一夜をやり過ごした。

午前5時になって夜が白んできた。あたりは両側が岩場のゴルジュ[*2]となって切り立っている。大滝からさらに二つほど上の滝上にいるらしい。Nさんを立たせてみるが、自力で立っていることができない。ヘリで収容するほかないようだ。ここからヘリにピックアップするのは不可能だ。私と消防の小林中隊長はピックアップできる場所を探しに出た。谷を１００メートルほど上流に行くと左岸がいくらか傾斜が緩む。その斜面をジグザグに１００メートルほど登ると左岸の枝尾根に出る。その尾根を少し登ると立ち木の低い場所があり、ここを吊り上げポイントに決定する。小林中隊長はNさんを搬送するため下っていき、私は吊り上げ場所の整備にかかる。

下から応援部隊も大勢登ってきた。消防庁のヘリもスタンバイしているという。青梅消防署の隊員にも手伝ってもらいポイント整備を終えた。Nさんの搬送が手間取っているらしく、迎えにいく。Nさんを両側から隊員が支え、上からザイルで引き上げている。Nさんはほとんど両脇の隊員にぶら下がっている状態だ。私も交代して肩を貸し、なんとか吊り上げ場所まで引き上げた。

ヘリの音が聞こえてきた。発煙筒を焚き、場所を指示する。ヘリが進入してきて頭上でホバリングする。航空隊員がホイストで降下してきてNさんを担架に乗せる。下で誘導ロープを操作し、Nさんの担架は航空隊員とともにピックアップされてヘリに収容された。ヘリはゆっくりと旋回して尾根の向こうに消えた。

4日間にわたった、いささか過酷な救助活動であった。それでもこれが遺体収容などではなく、結果的にはハッピーエンドで終わったからまだ救いだ。

パーティの分離が思わぬ事故につながる、という例を地でいった遭難であった。はぐれてしまってからあわてても遅いのだ。それにしても、山の中でなんで仲たがいなんかするのだろうと、不思議な思いがしてならなかった。

Nさんはヘリで立川の災害医療センターに搬送されたが、足首の骨折などが見つかり、それから1カ月以上も入院する羽目になった。

＊1 **山野井泰史** 1965年生まれ。登山家。高所における高難度のクライミング実績、卓越したソロクライミング技術は、国内外から世界屈指のクライマーと評価を受けている。

＊2 **ゴルジュ** 廊下状。沢で、両岸が切り立った岩壁に挟まれているところ。

「まってろ岩峰」のこと

トゲ山での出来事（その1）

稲村岩、籠《かご》岩、梵天《ぼんてん》岩などの奇岩、名峰が点在する日原に、我々山岳救助隊員が「まってろ岩峰」と呼ぶ場所がある。日原街道を氷川から日原に向かい、長いトンネルを抜け、日原の集落が見えだすカーブを曲がったところの日原川を挟んだ対岸にある岩峰がそれだ。日原自治会長の小林操氏に聞いたら、地元の人たちはそこを「トゲ山」と呼んでいるそうである。石尾根の城山から派生したカラ沢尾根が日原川に落ち込む末端に、まるでトゲでも刺さったように屹立《きつりつ》している。日原に数多く棲息《せいそく》するニホンカモシカが、その岩峰の上に立っているのをよく見かけることがあるが、カモシカの立ち姿がとてもよく似合う岩峰だ。

1998年7月2日午後8時ごろ、日原集落でたまたま自宅の庭に出ていた地元の女性が、遠くで人声がするのに気づき、日原川の対岸を見上げると、ちょうど「トゲ山」のあたりにポッとした灯りが見えた。耳を澄ますと人声はそのあたりから聞こえる。大声で助けを求めているようだった。

女性はあわてて日原駐在所に駆け込み、前田巡査部長にそのことを告げた。山岳救助隊員である前田巡査部長は急いでその場所に行ってみると、確かに「トゲ山」の上にほのかな灯りが見え、女の声で「たすけてー」と聞こえた。これは遭難事故であると判断した前田隊員は、急いで駐在所まで戻りパトカーを乗り、車載の拡声器で「いま助けにいくからそこを絶対に動くな。そこでまってろー」と言い置き、すぐ奥多摩交番に電話をして山岳救助隊の出動を要請した。

前田隊員は夜間であることから、地元の山に詳しい2名の人を案内に立てて先発した。トゲ山に到るには、いったん日原集落から日原川に降り、対岸のカラ沢沿いに登り、途中から道のない急なヒノキ林の斜面に取り付きカラ沢尾根に出る。尾根を登ると岩峰下の岩場に着く、その岩場を左から巻きながら遭難者のいるトゲ山の頭まで登るのである。ヘッドランプの灯りだけでは、山の地理に相当詳しい者でなければ到達不可能であろう。

私のところに奥多摩交番から電話連絡があったのは午後9時ごろのことで、「いま日原で山岳遭難があり、救助隊が出て活動している」というものであった。私は晩酌でアルコールが少し入っていたので、愛車パジェロを妻に運転させ日原に向かった。どんなに急いでも自宅から日原までは1時間半はかかる。私は車の中で山支度をした。私が日原に到着したのは午後10時40分ごろである。日原の集落にはパトカーや山岳救助車、消防車両などが赤灯を点けて停まっており、村の人たちもみんな外に出てトゲ山のあたりを見つめていた。居合わせた消防団の人に状況を聞いたら、救助隊はすでに遭難者と接触し、下山を開始しているという。

私もすぐ日原川を渡り対岸の仕事道を登った。途中、阿部救助隊長ら数名がカラ沢側に落ち込む危険箇所にザイルを展張しているのに出会った。まもなく遭難者を連れて下山してくるというので、私もザイル展張を手伝った。ヘッドランプの灯りが山肌にいくつか見え、前田隊員を先頭に地元消防団員に連れられた遭難者が下山してきた。まだ若い女性登山者である。先頭の前田隊員の手には、頭蓋骨のついた一対《いっつい》の立派なシカの角が握られている。おそらく途中で拾ったものであろう。転んでもただでは起きない男である。

足元が悪いため、ゆっくりと下山し、日原集落に着いたのは午後11時50分である。日原駐在所で女性遭難者Kさん（24歳）に事情を聞いた。

Kさんは今日昼ごろ、東日原から一人で鷹ノ巣山に登山した。鷹ノ巣山頂には午後

3時ごろ到着。下山は石尾根を氷川に出る予定であった。しかし城山まで来てカラ沢尾根に迷いこんでしまい、どんどん尾根を下ってくると、岩峰トゲ山のてっぺんに出て暗くなり動けなくなってしまった。日原川を挟んだ眼下には日原集落の灯りが意外なほど近く見えている。Kさんは日帰り予定のためヘッドランプは持ってこなかったが、非常用にとライターを持ってきていたのを思い出した。そしてライターの火を灯《とも》しながら大声で下に向かって助けを呼んだものであった。いくら日帰りだからといっても、山に入る際は照明具、雨具、水筒、非常食などは必携品だ。それを怠ったKさんのミスは大きいが、ライターを持参したことは褒めてよい。ライターやマッチ等の発火具を持つことはサバイバルの基本と言ってよい。

ともあれ何事もなく下山できたのは幸いであった。Kさんはその夜、日原の民家に泊めてもらうことになり、山岳救助隊は解散した。

トゲ山での出来事(その2)

翌日7月3日もよく晴れた好い天気だった。午前10時30分、前田隊員は奥多摩交番に向かうためパトカーで出かけた。昨夜遭難騒ぎがあった対岸のトゲ山をなんとなく見上げると、ヤヤッ! トゲ山のてっぺんにまた登山者がいるではないか。しかも二

ムを上げ叫んだ。「いま行くから、そこを動くな。そこでまってろ!」と。

前田隊員は駐在所に取って返し奥多摩交番に電話を入れ、「昨夜のところでまた遭難だ」と山岳救助隊の要請をした。私たちはすぐ支度をし、阿部救助隊長以下8名で、山岳救助車、パトカーなどに分乗して緊急走行で日原に向かった。日原に着くと確かにトゲ山のてっぺんに座り込んでいる二人の登山者が見える。二人とも男性らしい。通報で駆けつけた消防署の救助隊も到着した。昼日中から日原は物々しい雰囲気に包まれた。

昨夜の騒動もあったし、日中でもあることから、すんなりとトゲ山のてっぺんまで登ることができた。登山者は都内の会社員Oさん(29歳)とSさん(28歳)の二人であった。二人は昨夜鷹ノ巣山避難小屋に泊まり、今朝石尾根を氷川まで下りようとしたが城山付近で道に迷い、カラ沢尾根を下ってきたものであった。途中道に迷ったことに気づいたが、ここを下ればどこかに出るだろうと思って下ってきた。トゲ山まで来て、下に日原の集落が見えたのでホッとして休んでいたところパトカーから「そこでまってろー」と言われたとのことであった。

OさんもSさんも装備などはしっかりしており、山は相当こなしているという風だった。とりあえずザイルで確保しながら慎重に急斜面を下り、日原集落まで戻った。日原駐在所で二人の事情を聴取したが、Sさんが「自分たちだけで下れたのに」と洩らした後ろでOさんがSさんの袖を引いて「そういうこと言うな」と小声でささやいたのが聞こえた。確かにこの二人なら、ケガをしているわけでもなし、あの程度の岩場の下山は可能だったに違いない。休んでいたところにパトカーから「そこを動くなー。そこでまってろー」と言われたのでは動くことはできない。そのうち赤灯を点けてサイレンを鳴らした山岳救助車、パトカーなどが何台も到着し、消防自動車までがやってきて大騒ぎになったのを見て、「これは大変なことになった」と思ったに違いない。いまさら降りるに降りられず、救助隊を待っていたのではないだろうか。

考えれば滑稽なことではある。昨夜の同じ場所での救助事例を話し、二人には引き取ってもらった。「どうもご迷惑をおかけしました」と殊勝に頭を下げて二人は帰っていった。二人には気の毒なような救助騒動であった。

尾根上に「立入禁止」の看板を設置

二日間続けてそのような騒動があった。私と阿部救助隊長は、このままではこれからもまた登山者がカラ沢尾根に迷い込んでくる可能性がある、現場を確かめる必要を感じ、西部公園緑地事務所浅沼所長を伴い、３人で鷹ノ巣山から石尾根を歩いてみた。城山付近の登山道はピークを右から南側を巻いてついているのだが、ピークを通る踏み跡もついている。ピークのほうをたどった登山者は急激に東側に落ち込む踏み跡よりも、緩やかについているカラ沢尾根の踏み跡のほうをたどるのもうなずけた。

私たちは持参した「立入禁止」の看板をカラ沢尾根の入口に取りつけ、そのままカラ沢尾根を日原まで降りてみることにした。途中まで踏み跡は顕著であったが、降りていくにしたがい踏み跡は消えてしまった。ここまで来て城山まで登り返す登山者もいないだろう。

尾根を下っていくと、いきなりトゲ山の岩峰に突き当たった。なんとも人騒がせなトゲ山である。前田隊員が「そこでまってろー」と叫んだこのトゲ山は、だれが言うともなく山岳救助隊員の中では「まってろ岩峰」と呼ばれるようになってしまった。

看板を取りつけて以来、カラ沢尾根を下ってくる登山者はいない。たまにニホンカモシカが岩峰の上に立ち、ジッと眼下の日原集落を見つめている姿があるだけである。それでも前田隊員はいまもってトゲ山の下を通るときは、登山者がいないか「チラッ」とトゲ山に目を走らせるのである。

落ち葉降り積む巳ノ戸沢

廃道に入り込んで滑落

1997年7月の暑い日、一人の女性が遭難救助を求めて日原に下山してきた。日原駐在所で遭難の経緯を聞いた。

遭難したのは女性ばかりの3人パーティで、今朝バスで東日原まで来て、鷹ノ巣山に登る予定で出発した。

パーティは、いわゆる中高年の登山仲間で、Kさん（70歳）がリーダーとなり、Nさん（60歳）、Iさん（60歳）の3人。リーダーのKさんは、北アルプスなども登ったことのあるベテランであった。

今日は日原から稲村岩尾根を直接、鷹ノ巣山に登る予定であった。稲村岩尾根は、釣り鐘型の奇岩で日原のシンボル的存在の稲村岩から、じかに鷹ノ巣山に突き上げている、俗にいう鉄砲登り、奥多摩きっての険路である。

稲村岩基部まで来て、突如リーダーが「稲村岩尾根はキツイから、巳《み》ノ戸《と》沢沿いに登り、鞘口《さやくち》ノクビレを通って鷹ノ巣山避難小屋に出るルートで登ろう」とルート変更をした。Kさんが昔一度登ったことがあるというので、ほかの二人も同意して登りはじめた。

この巳ノ戸沢沿いの登山道は、以前から崩壊が激しく、もう何年も前に通行禁止の措置がとられ、手入れもされておらず、入口に架かる木橋には「通行止め」の看板が取りつけられている。また最近作られる登山地図は「通行禁止」と書かれたり登山道を抹消してあるものも多い。

3人は巳ノ戸沢コースを鷹ノ巣山に向かって登りだした。長いあいだ、人に利用されていない道なので、落ち葉が積もり道を隠し、崩壊箇所も多く、沢から尾根に取り付くあたりで、道がわからなくなってしまった。道のないところを、とにかく尾根を目指して登っていった。しかし登山道は見つからず、時間的にもロスが多く、今日中に鷹ノ巣山まで登って帰ることは無理と判断し、リーダーが下山を指示した。

支尾根を下っている際、Nさんが木の根に足が挟まり転倒した。木の根から足が抜けず、体が下のほうになり、両腕でしっかりと木の幹を抱いてKさんに助けを求めた。Kさんは近くまで下っていき、両手を差し伸べ「私の手につかまりなさい」と言った。Nさんは両手を木の幹から離し、Kさんの手につかまろうとした瞬間、挟まっていた足が木の根からスッポ抜けてしまった。Nさんはそのまま頭のほうから下の沢に滑落していった。

Kさんと I さんは、大声でNさんの名を呼び続けたが返事はなく、尾根を回り込み急な涸れ沢に降りてみたところ、Nさんは約20メートル下の涸れ沢に落下したあと、それからさらに40メートル急な沢を滑り落ち、ガレ場で息絶えていたという。

さすがベテランのKさんはすぐに行動を起こした。I さんに現場を離れないように言い残し、自分は急な涸れ沢を単独下山し、救助を求めて日原にたどり着いたというものであった。

明るくなってから捜索再開

青梅警察署山岳救助隊と消防の救助隊が救助に入山したのは、届け出から約1時間後のことである。疲れてはいたと思うが、場所を案内してもらうためKさんも同行してもらった。

現場に着く前に日は暮れ、ヘッドランプの灯りのみでの捜索となった。現場が特定できないので、近いと思われる場所から3個班に分かれて尾根と沢に入った。Kさんは疲れ果てておりもう歩くことはできず、下に残ってもらった。

ヘッドランプの灯りのみで沢登りをすることは、大きな二重遭難につながる危険性もある。ただ現場にはＩさんが残っており、一人残された不安から、暗い沢の中を歩き回り、転落したりするおそれもあって、なんとか早く発見してやりたかった。

救助隊員はそれぞれＩさんの名前を呼びながら沢を登り詰めたが応答はなく、滑落現場の発見にも至らなかった。

日にちが変わって午前0時、鞘口ノクビレで消防と協議した結果、これ以上の捜索続行は危険がともなうのでいったん打ち切り下山して、明るくなってから再捜索することとした。疲れ切った足取りで日原に下山してきたのは午前1時をまわってからであった。

明るくなり、本署からの応援も得て日原から再入山したのは午前7時である。上空には消防庁のヘリコプターも旋回していた。救助隊が一列になって沢を登っているとき、ヘリから「Ｉさんらしい人影を発見した」という第一報がもたらされた。みんな色めき立ち、ヘリが旋回している下に急いだ。急な涸れ沢を登っていくと、ガレ場にＩさんがたたずんでいるのを発見した。またその１００メートルほど上部のガレ場に、滑落したＮさんの遺体も確認した。

Iさんはどこもケガはなかったので、救助隊員に先導させて下山させた。

Nさんの遺体は、バスケット担架に収容し、ザイルで確保しながら急な沢の中を300メートルほど降ろし、やや広くなった川原で立ち木などを少し切らせてもらい、要請した警視庁航空隊のヘリコプターにホイストで吊り上げ、青梅まで搬送した。午後2時、救助隊全員が日原に下山し、二日間にわたった遭難救助活動は終了した。

後日、無事救助されたIさんが語ったところによると、夜中に救助隊の呼ぶ声は聞こえたが、幻聴かと思い、怖くて返事ができなかったとのことであった。

山そのものは短期間で変化することはないが、登山道が変わることは、ままあり得ることである。とくに登山者の少ない登山道、または沢沿いにつけられている登山道などは、整備の手が行き届かず、荒れたままだったり、沢の増水で橋や道が流されたりして、いつの間にか廃道になっていることもある。昔登ったことがあるから、いまもそのままだろうと、事前に調査もせず安易に登ることは、致命的な事故につながることがあるということを、この遭難は教えている。山に登る際には、ビジターセンターや地元の山岳救助隊などに事前に問い合わせるなど、最新の情報を持って臨みたいものである。

静寂の山、天祖山での悲劇

2年後に遺体が発見された遭難事故

雲取山を頂点とし、北側に長沢背稜、南側に石尾根の馬蹄形に囲まれた真ん中に、ドッカと大きな鍋を伏せたように居座る天祖山は、北東側のO工業による石灰石採掘現場を除けば、鬱蒼《うっそう》とした樹林に覆われた静寂の山である。八丁橋から主脈の表参道尾根（ハタゴヤ尾根）を登っても、裏参道である梯子《はしご》坂ノクビレから孫惣《まごそ》谷に下っても展望はあまり利かない。そして奥多摩の主要な人気の尾根筋から外れているので、1723・3メートルという高さの割に、訪れる人もまばらである。山頂の天祖神社も樹林の中に森閑としてたたずんでおり、俗化した奥多摩の山にあって、静かな山でじっくりとその魅力を味わいたいという、玄人好みの山といえるかもしれない。

4年前（2001年）の夏、この天祖山に単独で登ったIさんという66歳のご婦人が行方不明となり、山岳救助隊などが捜索したことがある。東京都山岳連盟救助隊などの協力も得て、相当広範囲に捜したが、とうとう発見できず捜索を打ち切ったものであった。

それから2年後の夏、O工業の構内にある屏風《びょうぶ》を立てたような巨大な岩壁「燕岩」の基部で、Iさんのザックが作業員により発見され、山岳救助隊が捜索した結果、その下方で落ち葉に埋もれ骨になったIさんの遺体を発見し収容した。Iさんは表参道を天祖山に登り、山頂からO工業構内を流れ、燕岩付近で孫惣谷に注ぐ高滝窪に迷い込み沢を下ったが、燕岩の肩に出、そこから転落して死亡したものと思われた。

2年間も行方不明のままという、遺族にとってはなんとも気の毒な遭難であった。

今年（2005年）も8月1日の天祖山山開きに、私は毎年一緒に登っている日原駐在所の前田隊員と、名栗《なぐり》沢から表参道尾根に突き上げる仕事道をたどって山頂まで登り、大勢の参拝者とともに山の安全を祈った。

高齢登山者が行方不明に

9月22日午後2時30分ごろ、奥多摩交番にひとりのご婦人が訪れ、「私は都内M市に住んでおりますが、主人のA（76歳）が9月18日、単独で天祖山に登ったまま戻らない、交番前に掲げられた『山岳救助隊本部』の看板が目についたので捜索していただけるものかご相談に立ち寄ってみました」と言う。

私が対応して、ことの詳細を聞いた。奥さん（73歳）が言うには、

○Aさんは18日午前8時20分ごろ、「天祖山に登ってくる」と言ってM市の自宅を出発したが、翌日になっても戻らなかった。そのため19日の夜、地元のM警察署に捜索願いを出した。

○Aさんは学生時代から登山を趣味としており、日本三百名山[*1]なども踏破したベテランといえる。ただ5年ほど前からアルツハイマーが進行し、体力、判断力が落ちてきており、家を出たときは軽装備で、食料なども日帰り分しか持っておらず心配している。

○以前、天祖山には二度来ているが、いずれも登頂していない。

○奥多摩駅前のタクシーの運転手にAさんの写真を見せたら、「18日の昼ごろ、それらしい男性を乗せた。『日原の八丁橋まで行ってくれ』と言われたが、『タクシーは林道に入れないから』と言って鍾乳洞近くの小川谷橋で降ろした」と聞き込んだ。

○いま、娘さんが天祖山へ捜しに登っている。

私はすぐ奥多摩駅前の京王タクシーの事務所に行き、Aさんらしき客を乗せたという運転手Oさんに確認した。「午後1時30分ごろ小川谷橋で降ろしたが、あまり喋ら

ないおかしな客だなあと思った。ザックを持っていたが服装などは軽装だった」と教えてくれた。

交番に戻ったらAさんの娘さんが天祖山から下山してきていた。娘さんもAさんの影響を受け、民間の山岳会に入って山に登っているという。娘さんは天祖山の印象を「いまの父は、とてもあんなところは登れない」と言った。

天祖山の表参道尾根登山道は、八丁橋先の登山口から尾根に登り上げるまで、危うい箇所は石積みをして造られた、いきなり30分間のつづら折り急登である。登山道が狭い場所もあり、足を踏み外せば止まることはない。Aさんもそのあたりで転落でもしているのであろうか。

Aさんが行方不明になってからすでに4日経っている。母娘は、奥多摩に山岳救助隊があるなどとは知らなかったのだという。私は「わかりました、明日から捜索を行ないます」と言って二人には引き取ってもらった。

捜索前に別の滑落事故発生

翌23日、私は早めに出勤し、準備を整えた。今日は山岳救助隊員5名で登山口から尾根に登り上げる急斜面をザイルで下降するなどして捜索するつもりであり、奥多摩消防署の奥多摩の山に詳しい「ユキさん」こと、小峰士長以下2名も捜索に加わる予定であった。

午前8時30分、山岳救助車に乗り込んで出発しようとしたら日原駐在所の前田隊員から電話である。「いま、釣り人からの連絡で、西谷山に登って避難小屋に泊まった中学生2名が下山中に、1名が小川谷に転落した。場所は三又付近らしい」と言う。

私は遭難者の所在がはっきりしているほうが優先と判断し、Aさんの捜索は今日残留組の松山小隊長以下4名に出動をかけ、急遽交代してもらうことにした。

私たちは小川谷林道を山岳救助車で飛ばした。林道終点には遭難者の家族らしい人たちが何人かいた。聞けば昨日西谷山に登った息子たちから、避難小屋に泊まると携帯電話で連絡があったが、その後連絡が取れないので心配して迎えにきたというものであった。

小川谷は三又で三つの支流が注ぎ名前が変わる。転落場所は三又から西谷に入って少し登ったところだという。急げば30分もあれば行けるだろう。三又までは谷側が切れ落ちているがほぼ水平だ。そこから西谷沿いに登りにかかる。5分ほど登ると、下の谷に人影が見えた。消防のユキさんたちが先着していた。谷に降りていくと遭難者の少年が二人、不安げな顔で座っていた。ユキさんに容態を聞くと、「打撲はあるもの大事に至ることはなさそうだ」という。

二人は中学校の2年生で、今朝西谷山避難小屋を出て下山していたところ、この少し上流で一人がスニーカーを谷に落とした。それを拾いに急斜面を降りていったところ、スリップし約20メートルほど滑り落ちたのだという。

消防でヘリを出すというのでピックアップできそうな場所を捜す。谷の中はミズナラやカツラなどの大木が空を覆い無理である。登山道まで登り上げ少し下ったところに枝の覆いが切れて、わずかに空が望める場所があった。ここから吊り上げることにした。

消防の応援部隊が大勢到着した。負傷者は担架でいったん登山道まで引き上げられ、そこから横に移動させられヘリを待った。20分ほどすると消防庁の大型ヘリが飛来した。真上でホバリングし、もの凄い風圧のなかホイストで担架は吊り上げられ、下から誘導ロープで操作する。担架が機内に収容されるとヘリは飛び去り、あたりに静けさが戻った。隊員の労力、安全性、遭難救助の緊急性などを考えると、ヘリ救助のありがたさをつくづく思う。

ヘリのおかげで早く片づいたので、午後からはAさんの捜索に戻れそうだ。天祖山捜索隊からまだ発見の報せはない。

小川谷林道の終点まで下山し一服していると、父親たちと一緒にケガをしなかったほうの少年が戻ってきた。私は少年に話しかけた。「友達のケガもたいしたことがないようなのでよかった。山に登るということは素晴らしいことなんだけど、自然に挑戦するには危険がともなう。それなりの装備と知識がなければダメだ。これからは、よいリーダーについて教えてもらうか、高校生になったら山岳部で勉強するかして山に登るようにしなさい。奥多摩の山だってスニーカーで登れるようなところじゃないんだよ」と言うと、少年も素直にうなずいた。

手掛かりを発見できず捜索打ち切りに

私たちは鍾乳洞の売店で遅い昼食をとり、Aさんの捜索に天祖山に向かった。午前中から入っている班はいま、ハタゴヤの水場から水源林巡視道を捜しているらしい。

私たち5名は登山口から尾根に登り上げるまでの、急峻なルンゼの要所要所にザイルで下降して捜したが発見できず、表参道尾根に出た。そこからよく登山者が迷って入る、孫惣谷に落ち込んでいる尾根の末端を下降し捜索した。しかしここに入った様子はなかった。尾根に戻って、下山してきた先発隊と合流し、なんの手掛かりもなく全員奥多摩交番に引き上げた。

交番に着くと勤務員が、「午後3時10分ごろ、鋸尾根で登山者が転落し救助要請が入り、ただ一人残っていた山内隊員が出動した。消防の救助隊と救助活動をしていたが、先ほど連絡があり遭難者はヘリに収容された」と言う。

御岳山から大岳山に登り、鋸山を経由し鋸尾根を氷川に下山していた中高年3人パーティの一人が、天聖山《てんしょう》の岩場で20メートルほど滑落したのだという。一日に3件もの出動があっては山岳救助隊もお手上げだ。

翌日は孫惣谷を遡行してみようと思っていたのだが、雨天のため1個班は日原林道の捜索を、私と渡辺隊員はO工業の車で構内を山頂近くまで運んでもらい、雨のなか天祖山頂に登り上げた。

天祖神社の社務所の中に入ったが、最近人の入った痕跡はなかった。合羽を着込み、表参道尾根を捜索しながら下った。途中の壊れかけた大日天神社も、まったく人の入った気配がない。Aさんは午後1時半に小川谷橋を出ている。相当の健脚の者でも3時間はかかる尾根だ。高齢で体力も相当落ちているというAさんが、ここまでは登れないだろう。

私たちはハタゴヤから孫惣谷側の仕事道をたどってO工業の事務所まで戻り下山した。今日も手掛かりはなかった。

翌日は台風が通過するというので、捜索は中止した。民宿に泊まり込んでいたAさんの奥さんと娘さんも自宅に戻った。

翌26日、台風一過で晴れ上がった。捜索隊は2個班出て、1個班は尾根の下部、私は佐藤隊員と孫惣谷を遡行することにした。

孫惣谷は台風の通過で水量が多かった。4年前のIさん捜索のとき以来の遡行である。日原川本流は釣り人も多いが、孫惣谷はO工業構内ということもあり釣り人は稀《まれ》である。2時間かけてO工業事務所下まで捜索したがなんの発見もない。これより先はO工業の社員や車が行き来しているから、Aさんの入り込む可能性も薄いので、捜索はここまでにしようと思ったが、2年前Iさんが見つかった「燕岩」まで行ってみようとそのまま遡行を続けた。

行く手には、高さ200メートルはあろうかと思われる燕岩が立ちふさがっている。高滝窪が孫惣谷に注ぎ込むあたりで谷から上がり、燕岩の基部まで登ってみる。2年前、Iさんは骨になって、ここで発見されたのである。基部まで登った佐藤隊員は「なにもありません」と言って降りてきた。「こんなところにいるわけないよな」と納得して下山した。

27日は3個班8名、28日は3個班7名の捜索隊を出して、日原林道、日原川、表参道尾根の下部と、可能性の高いところは捜したが、手掛かりはなにも発見できず、家族の了解を得て山岳救助隊としての大掛かりな捜索は打ち切ったのである。あとはなにか新しい情報があったら捜索するという、情報待ちとなった。

Aさん母娘は、東京都山岳連盟の山岳救助隊に捜索をお願いしたようであった。

どうしてここに？

翌29日、私が奥多摩交番で溜まった仕事を処理していると、O工業の事務所から電話があった。私とも親しい遠藤さんが「金さん、それらしいのが見つかったらしいよ」。「えっ、どこでだ」と私は聞き返した。「この前のIさんが見つかった近くで男が死んでいると、いま現場から連絡があった」と言う。「まさか。わかった、すぐ向かう」。私は電話を切って、すぐ山岳救助隊の召集をかけた。

孫惣谷林道のO工業構内を山岳救助車を走らせ燕岩の坑道入口まで入った。燕岩基部のガレ場を登り、Iさんのザックが見つかった場所を通り、小尾根を回り込んだ高滝窪にAさんはいた。沢の水に靴を脱いだ足を浸け、座り込むような姿勢で仰向けになって死亡していた。

靴はそばに置いてあったが、ザックは10メートルほど上流に、そして血のついた帽子も岩陰に置いてあった。おそらくそのあたりで転倒するかして負傷し行動不能となり、ここまで降りて凍死したのではあるまいか。

私も3日前、佐藤隊員と孫惣谷を遡行して、まさかとは思ったが燕岩基部のIさんのザックが見つかった場所までは捜しにきている。そこから小さな尾根を越えた高滝窪の、直線距離にして100メートルもないところにAさんはいたのである。どうしてだ。なぜここなのだ。

Iさんは頂上から迷って高滝窪を下ってここまで降りてきて燕岩から転落した。Aさんは山頂まで行く時間も体力もなかったから、天祖山の裏参道ともなっている孫惣谷林道をたどって燕岩のところまで来たものだろうか。それとも八丁橋から表参道をハタゴヤの水場あたりまで登り、巡視道をたどりO工業事務所まで降りてきて、孫惣谷林道を奥に向かって歩き、燕岩にたどり着いたものであろうか。林道はまだ奥に延びている。その広い林道を進まず、こんなO工業社員しか知らない踏み跡を捜し出し、ここまで来た必然性が見当たらない。どうしてだ。

もちろんAさんはIさんとは面識がない。Iさんが4年前、ここで遭難死したことなど知るよしもない。天祖山の5万分の1登山地図に、二人の遭難場所の印をつけたら、おそらく同じ場所に印がつくに違いない。広い天祖山で、こんな偶然があるものだろうか。呼ばれたのか。そんなことはあるはずがない。非科学的なことは信じない私ではあるが、「霊」なんて言葉がふと頭の中をかすめた。科学で説明できないことなど世間にはいくらでもある。

それにしても心配で家にも帰らず、民宿に泊まり込み、捜索を固唾《かたず》を飲んで見守っている家族のことを思うと、どのような遭難でも遭難死はいつも悲しい。

＊1 **日本三百名山** 日本山岳会が選定した300の山。深田久弥著『日本百名山』に登場する山も含まれる。

雲取山に散った30歳の命

どのコースで下山したのか？

奥多摩の登山者は、都心に近いこともあって年間を通じて多くなっているが、とくに新緑の4月5月、紅葉の10月11月には大挙して訪れる。

1997年5月1日夜10時ごろ、千葉県H市に住む大学講師Sさんから、青梅警察署の山岳救助隊本部に電話が入り、阿部救助隊長が対応した。「息子Mが4月29日、午前6時ごろ『一人で雲取山に行ってくる。30日には帰る』と言って自宅を出たまま、いまになっても戻らない」というものであった。阿部救助隊長は、遭難の可能性もあるということで、翌2日早朝、山岳救助隊を召集し、父親のSさんにも息子さんの写真を持って奥多摩交番まで来てもらった。

行方不明のMさんは30歳、都内のH区役所に勤める独身である。180センチの長身で、山の経験はほとんどなく、自宅には山岳雑誌のコピーが残されていたという。

そのコピーには、「雲取山コース紹介」として、氷川から石尾根を登り、町営奥多摩小屋[*1]で一泊。翌日雲取山頂に立ち、小雲取山まで戻って、富田新道を下山。日原林道を歩き日原鍾乳洞を見学して帰る1泊2日のコースが紹介され、小さな略図が掲載されていた。Mさんはこのコピーを持って出かけたという。

集合した山岳救助隊は3個班に分かれ、第1班は大雲取谷沿いの大ダワコース。第2班は下山に紹介されていた富田新道コース。第3班は唐松谷沿いの唐松林道コースで山頂を目指し捜索することとした。

ゴールデンウイークの最中とあって登山者は多い。奥多摩小屋に着き、管理人である岡部さんに事情を話した。4月29日の夜は50人くらいの宿泊客があったが、気がつかなかったと言い、宿泊人名簿を調べてくれた。果たしてその名前はあった。「千葉県H市、M」と、宿帳にはしっかりと住所、氏名が記載されていた。ここまではコースどおりにたどったことになる。翌30日の朝、Mさんは奥多摩小屋を出発し、山頂までは迷わず登ったことだろう。

さて、それからが問題である。一人の場合は躊躇《ちゅうちょ》なく山頂から小雲取山まで戻り、富田新道を下山することとなるが、もし昨夜奥多摩小屋でだれかと知り合い、同行者がいたとか、雲取山頂で知り合った人からもっといいコースを教えられたりすれば、コース変更したことも考えられる。しかしそのような情報もないことから、ここは野陣尾根の富田新道から日原林道、鍾乳洞付近に重点を置いて捜索したほうが正解のようだった。

その日は奥多摩小屋までの足取りしかつかめなかったが、翌5月3日は野陣尾根を中心に捜索を行なった。野陣尾根は北の雲取谷、南の唐松谷に挟まれた長い尾根である。尾根筋についている登山道が、鎌仙人として有名な雲取山荘先代小屋番、富田治三郎氏が拓いた富田新道である。

日原川に唐松谷が流れ込む、出合の吊り橋を渡ると急な登りとなる。この急登は、サワラノ平と呼ばれるところまで2時間あまり続く。そこから小雲取山までは尾根も狭まり、傾斜は落ちる。クマザサに覆われた尾根筋には、野生のシカやイノシシが通るケモノ道が、縦横無尽に登山道を横切ってついている。捜索隊はその富田新道から両サイドのケモノ道の中に入り捜索した。

連休の晴天とあって登山者も多く、行き合う登山者ごとに、Mさんの写真入りチラシを配り、情報提供をお願いした。また日原鍾乳洞や奥多摩駅にもチラシを掲示したが、なんの手掛かりも得られなかった。

唐松谷で発見

翌5月4日、日原川本流を捜索。釣り人も多数入渓しているから、もし沢に迷い込んでいれば発見されてもいいはずだった。

午後2時になって私は、どうしても気になってしかたのなかった唐松谷を遡行してみることにした。唐松谷は、沢登りの領域である。フェルトシューズに足元を固め、私と阿部救助隊長は、午後4時になったら下山を開始することとし、出合から入渓した。沢の中では無線が通じないので、沢沿いに縫ってついている唐松林道を、若松隊員がサポートで登ってくれた。

出合の滝を越えて、小滝の連続する沢を遡行していく。約30分ほど登るとゴルジュは狭まり、S字状の奥に野陣の滝が現れる。20メートルの立派な滝で、ドウドウと水を落としている。一息入れて滝に見惚れていると、滝壺の下流になにか黄色いビニールシートのようなものが見えた。私は太い倒木を渡って近づいてみると、それは滝壺にうつ伏せに倒れている人間であった。

「発見！」。私は叫んだ。長身で、短いスポーツ刈りの頭、長いあいだ水に浸かっていて横顔は青白かった。それはまさに変わり果てたMさんであった。垂直に切り立った滝の右岸から落ちたらしく、壁に滑落痕が残っており、荷物が付近に散らばっていた。阿部救助隊長は唐松林道を行く若松隊員に無線連絡を取り、遭難者を遺体で発見したので、捜索中の全隊員を唐松谷に集合させるように中継を指示した。

私は阿部救助隊長と収容方法を検討した。唐松谷を出合まで降ろすか、それとも上の唐松林道にいったん引き上げ、林道を降ろすか迷ったが、沢を降ろすには滝が多く危険がともなうので、上に引き上げようということになり、私は左岸の急斜面を登ってみた。ガラガラの岩場が唐松林道まで250メートル続いていた。

隊員が集まり、担架やザイルも到着したので収容準備に入る。しかしあたりは夕闇が濃くなり、雨も降りはじめていた。危険がともなうので収容は明朝とすることにし、遺体をビニール収容袋に納め、バスケット担架に乗せ高台まで引き上げ、立ち木にしっかり固定した。唐松林道まではザイルを展張し、ヘッドランプの灯りで救助隊員は現場を離脱した。小雨降る唐松林道にはブッポウソウの鳴き声が響いていた。

翌5月5日、こどもの日。早朝から笠井青梅警察署長指揮、消防署員も含め30名態勢で収容作業を行なった。落石の多い急斜面を、滑車を使い人力でバスケット担架を250メートル上の唐松林道まで引き上げた。そこからさらに日原林道の車まで搬送し、収容活動を終了したのは午前11時をまわっていた。

谷へ降りてしまったために……

この遭難事故で大きく次の三つの原因を指摘したい。

①Mさんは初心者であったにもかかわらず単独で登山をした。最も致命的な原因であった。

②正確な地図を持っていなかった。地図とコンパスは登山には必携である。もっとも読むことができなければ役にはたたないが。

③道に迷い沢を下降した。最も初心者にありがちな原因である。沢登り、岩登りという登山分野がある。沢や岩場は登るより下降、つまりクライムダウンするほうが難しいのだ。

これは私の推測でしかないが、Mさんは4月30日朝、奥多摩小屋を出発して、東京で一番高い山、雲取山頂に立ち感激したことだろう。そして富田新道を日原を目指して下山中、ケモノ道に迷い込んでしまったのではないだろうか。山に慣れている者であれば、すぐ引き返し正しい登山道を捜すのだが、そこが初心者の悲しさ、迷ってしまったことを知ったとき、頭の中はパニック状態に陥ってしまったのだろう。そのまどんどん谷に下る。途中には細い登山道ながら唐松林道を横切るはずだが、それさえも見落とし唐松谷まで降りてしまった。唐松谷を下降すれば、いずれは人里に着くだろうと思い下ったのだろうが、大きな滝に行く手をはばまれてしまう。危険と知りつつ野陣の滝側壁を高巻き、なおも下降を続けようとするが、滑落。雲取山にあたら30歳の命を散らしてしまった。

ここにMさんのご両親から山岳救助隊に届いた一通の手紙があるので紹介しておきたい。「この度は愚息Mの雲取山での事故につき貴署総力を挙げて数々の困難を排し捜索活動を展開していただきましたこと心より厚く御礼申し上げます。お陰様にて家に連れて帰る事ができまして当人も安らかに永の旅路につくことができ、遺族一同もそれを見送る事ができ心休まる思いがいたして居ります。（中略）当人弱冠30歳、人生これからと言う時期での事故で口惜しさも一入《ひとしお》でございますが、皆様の御厚情に囲まれて生涯を終わりましたこと幸せ者でありました。私共遺族一同これも定められた運命と観じ悲しみを乗り越えてこれからの時を過ごしたいと存じております（後略）」

涙なくしては読めない、残された両親の心情が吐露《とろ》されている。山岳遭難にはかならずこのような悲しみがつきまとう。そして山岳救助隊員は仕事と割り切ってはいても涙することは多い。

＊1　**町営奥多摩小屋**　石尾根上にあった山小屋。老朽化のため2019年3月に閉鎖された。

行方不明

せめて登る山を記したメモを残すべし

登った山は絞れたが

2012年10月6日の午前7時30分ごろ、都内H市在住の男性Nさん（75歳）が昨日、家人に行き先も告げず山に行き、今日になっても戻らないと奥さんが青梅警察署に捜索を依頼してきた。

本人の携帯に電話すると、呼び出しはするのだが電話には出ない。Nさんが前日開いていたパソコンをチェックしてもらうと、インターネットで棒ノ折山を見ており、埼玉県側の名栗湖から白谷《しらや》沢沿いに登り、白孔雀《くじゃく》ノ滝を見てゴンジリ峠に出て棒ノ折山へ。そして下山は黒山、岩茸石山を通り、高水山から青梅線の軍畑駅に下るコースを検索していたという。Nさんのハイキング歴は5年、本格的な登山の経験はない。当日の服装も白ポロシャツ、青ズボン、黒スニーカー、ベージュのショルダーバッグの軽装だったようだ。

Nさんの携帯電話から位置探査をしたところ、大丹波の清東園《せいとう》に立つ基地局が電波を拾っている。清東園を中心に北を0度として150度までの3キロ、つまり棒ノ折山から黒山、岩茸石山までの稜線から、その下を流れる大丹波川までの西側山域にいる可能性が高い。早いうちに捜し出せるのではないかとだれもが思い、当日から山岳救助隊を招集し、数班に分かれて捜索に入った。

Nさんの家人が飯能《はんのう》の国際興業バスに赴き調査依頼したところ、5日の午前8時18分に「河又名栗湖バス停」で下車し、名栗湖方向に向かうNさんの姿を確認したという。棒ノ折山に登ったことは間違いないようだ。

大丹波川から稜線までの斜面はどこも急だが、3時間もあれば往復できるので各班は小さな沢や尾根なども漏らさずに登り降りして捜した。しかし見つからない。捜索3日目は高水三山まで範囲を広げた。4日目は警備犬2頭も投入し、大掛かりに山の捜索を続けた。

新たな行方不明者

10月9日昼過ぎ、奥多摩交番から連絡が入った。新たに別件の未帰宅者捜索依頼が入ったという。未帰宅者は都内在住の男性Kさん(39歳)で、8日の午前3時半ごろ同居の母親に「奥多摩の山に行ってくる」と言い置き、レンタカーで自宅を出たまま今日になっても帰宅せず、携帯電話もつながらないことから、「遭難したのでは」と母親からの届け出であった。Kさんは1年ほど前から登山をはじめてすっかりはまってしまい、月に2回ほど単独や同僚とともに奥多摩へ日帰り登山に来ていたという。

その日残留している救助隊員がKさん使用のレンタカーを捜索していたところ、午前11時40分ごろ、日原の観光駐車場に駐車してあった同レンタカーを発見した。棒ノ折山のNさん捜索の人員を二つに分け、日原のKさん捜索に隊員8人が転進し、あとの5人はNさんの捜索を続行した。日原組はヨコスズ尾根、七跳《ななはね》尾根などを捜索し、暗くなるころ下山したが、どちらもなんの手掛かりも発見できなかった。

Kさんの携帯電話から位置探査したところ、日原渓流釣場の基地局が8日午前9時49分にヨコスズ尾根方向からの電波を受信していたことがわかった。Kさんは日原からヨコスズ尾根を天目山（三ツドッケ）に登ったのではないかと思われた。

翌10日も引き続き棒ノ折山、日原に分かれ、日原には鑑識犬[*1]2頭、警備犬2頭も投入して大掛かりな捜索は続いた。私は引き続きNさんの捜索に当たったが、やはりどちらも遭難者の手掛かりは得られなかった。

10月11日、Nさんが行方不明になって1週間が経ち、未発見のまま大掛かりな動員の捜索は打ち切られた。青梅署山岳救助隊のほとんどの隊員は、山岳救助技術を習得した奥多摩地区の駐在所員で組織されている。駐在所員は自分の受持区を持ち、そこに家族とともに居住し受持区を守っている。行方不明者が発見になるまで、いつまでも受持区を留守にするわけにはいかないのだ。警察の捜索は1週間を目安とし、あとは希望すれば捜索費用はかかるが東京都山岳連盟（都岳連）などの民間山岳救助隊を紹介している。翌日からNさんは民間の都岳連救助隊が捜索することになり、私たちの捜索した箇所を地図に記して都岳連に引き渡した。

Kさんについても三ツドッケから西谷山あたりまで範囲を広げ、1週間目となる10月14日まで捜索を続けたが、未発見のまま警察の大掛かりな捜索を打ち切った。Kさんの家族も都岳連に捜索を依頼した。

都岳連ではNさんを11月中旬まで捜したが発見に至らず、捜索は打ち切られた。Kさんの捜索は11月いっぱい行なわれるようであるが、まだ発見したとの報せはない。

雪の降る前には家族のもとへ

つくづく思うのだが、NさんもKさんもせめて登る山名とそのコースを書いたメモ一枚だけでも残してくれていたら、こんな顚末《てんまつ》にはならなかったはずだ。遭難者本人の登った山とルートがわからなければ、家族から聞き取る本人の性格、山の経験や本人のパソコンの情報、目撃者や登山届、鉄道やバスのモニター、携帯電話の位置探査記録などいろいろな情報を頼りにこちらで推理するしかない。

奥多摩町は東京都の9分の1の面積を有し、その94パーセントが山である。そういう場所で確かな情報のほとんどない行方不明者を捜すのは、東京ドームに落とした10円玉を探し当てるようなものだ。携帯電話の位置探査は、これまでの経験からあまり当てにならない。刑事が勘を頼りに犯人を追いつめていくように、山岳救助隊も懸命に努力はしているが、それでもすべて捜し出せるとは限らない。

しかし、残された家族にとっては山岳救助隊だけが頼みの綱。なんとか捜してやりたいと、人員が出せるときには捜索に入っている。捜し出せなくては、なによりもプロの山岳救助隊を自認する我らのプライドも許せないのだ。若い隊員にもそのプライドが育ってきていて、自分の週休にも山に入って捜す者も出てきている。Nさんも、Kさんも、雪の降る前になんとか家族のもとに帰してやりたいものだ。

＊1 **鑑識犬** 人間の4000倍〜5000倍といわれる鋭い嗅覚などの能力を高度に訓練し、足跡追及・臭気選別など警察の捜査活動に利用する犬。

なぜに多い男性登山者の「神隠し」

長沢背稜で行方不明

2013年6月5日、またしても中高年の男性が行方不明になった。神奈川県在住のTさん(65歳)が、6月4日午前3時30分ごろ「日帰りで奥多摩の西谷山に行ってくる」と奥さんに言い置いて家を出たまま夜になっても帰宅せず、翌日一日待っても帰宅しないことから、奥さんが5日午後11時ごろ、「遭難したのではないか」と青梅警察署に電話で届け出たものである。

Tさんは登山ルートなど家族にも話しておらず、登山計画書なども出していない。ただ自宅に残されていた行動メモには、奥多摩駅からバスで日原に入り、八丁橋登山口から天祖山に登り、そこから埼玉県との都県境尾根の長沢背稜を西谷山まで縦走。西谷山から西谷沿いに小川谷林道に出て、林道を日原まで歩くコースが記されていたという。6月4日朝、Tさんは東日原でバスを降り、午前6時30分ごろ登山口方向に歩いていく姿が住人に目撃されていた。

6月6日、山岳救助隊を招集し5個班を編成して捜索に入った。それにしても自宅に残されていたTさんのメモに記されているコースは、林道歩きを含めれば歩きづめでも11時間はかかる長大なコースである。とても日帰りでこの行程を縦走できるとは思えないが、入山していることは目撃情報からも確かである。とりあえず主要登山道、避難小屋などの捜索に分かれてそれぞれ出発した。都県境のコースであることから、埼玉県警山岳救助隊の飯田副隊長にも連絡だけは入れておいた。飯田副隊長も隊員を何人か出して埼玉側を捜してみるという。

気象庁は関東地方の梅雨入り宣言をしたが、東京地方は雨が降らず蒸し暑い日が続き、各班とも大汗をかきながら一日山中を捜し回って夕方それぞれの班が下山してきた。しかしなんの手掛かりも得ることはできなかった。

翌7日は4個班、そして8日は3個班で小川谷や孫惣谷、長沢谷の本流、支流、支尾根、水源林巡視道などを捜索するが発見に至らず。捜索4日目の6月9日は3個班、それに警備二課員と警備犬2頭の応援も得て、小川谷上段歩道、西谷三又からその一帯の捜索をしたが、やはり手掛かりは得られなかった。

それから3日間、天祖山周辺や長沢背稜などを中心に捜索を続けたのだがTさんに関する情報は何ひとつ得ることもなく、1週間にわたった捜索はいったん打ち切られ、以後は情報待ちとなったのである。Tさんの家族は民間の救助隊である東京都山岳連盟救助隊に捜索を依頼した。都岳連山岳救助隊でも何日か捜索に入ったようであるが、発見されたとは聞いていない。

いったん連絡はとれたものの……

後日、埼玉県警山岳救助隊飯田副隊長から別件の行方不明者の情報がもたらされた。まだ青梅署山岳救助隊ではTさんの捜索を続けていた。6月10日午前11時01分、埼玉県通信指令本部に110番で男性登山者から救助要請が入った。「ダムから棒ノ折山に登ろうとしたが、途中で道に迷ってしまった。引き返す際、急斜面で滑落し腰を強打した。木の間に両足が挟まって動けない」という通報であった。遭難者は都内在住のYさん（75歳）で、比較的元気な声であったという。所轄の飯能警察署から県警山岳救助隊に出動要請があり出動した。

110番内容だけでは詳しい場所が特定できないので、飯田副隊長は午前11時20分、聞き取った携帯に電話した。Yさんが出た。飯田副隊長が「これから救助に向かいますが、どこのバス停で降り、どのコースで登ったのですか」と聞くが、「バス停はわかりません。コースもわかりません」と言う。「コースは二つあります。滝ノ平コースと白谷沢コースのどちらですか。登山するとき湖は見ましたか」と聞くが、「滝のナントカかなあ、湖は見ていない、ダム、ダム。沢の音が遠くに聞こえる」と言う。

Yさんは「滝のナントカ、湖は見ていない、ダム、ダム」と言っており、滝ノ平尾根を登山中に道に迷ったものと推測されることから、救助隊は滝ノ平尾根を集中的に捜索した。その後、午後0時に携帯へ電話すると、呼び出してはいるがYさんの応答はなかった。再度滑落でもしたか、意識不明となったのかはわからない。

棒ノ折山は都県境の山であるが、携帯電話の電波は名栗湖畔のアンテナでキャッチされていることから、Yさんは埼玉県側にいることは間違いない。滝ノ平尾根、白谷沢の両コースを集中捜索しても、その日は発見できず翌日に持ち越した。その後、両コースを中心に棒ノ折山の埼玉県側を1週間かけて捜索したのだがついに発見できず、捜索を打ち切ったという。

都県境で行方不明者は5人

どうしたことだろう。

昨年（2012年）10月に同じ棒ノ折山の東京都側で行方不明となり、いまだ発見されていない男性Nさん（75歳）の遭難（前項参照）から1年足らずのあいだに、東京都と埼玉県との境界付近で5人が行方不明となり、いずれも未発見なのである。発見し救助された遭難者もいるし、残念ながら遺体で発見された遭難者もいた。しかし、この短期間に未発見の遭難者が5人もいるということは尋常でない。まさに「神隠し」にでもあったと思うしかない。

奥多摩や奥秩父は森林限界[*1]以下の樹木の濃い山が多いし、そこは国立公園や水源林として保護されている森林の山である。道に迷えば、この広大な面積を誇る山地での発見は至難の業《わざ》であるといわなければならない。

これらの行方不明者に共通しているのは、そのほとんどが中高年の男性、そして単独行、比較的初心者、登山届未提出などである。不思議と女性の行方不明者はいない。友人とおしゃべりしながら楽しく登ろうとするおばさん族と、いまさら山岳会などの組織に入る気もなく、ひとり静かに山を楽しむ寡黙なおじさん族の差なのだろうか。

＊1 **森林限界** 高緯度地方において森林が生育しうる限界線。本州中部の高山では2500メートル付近、水平分布では北緯60～70度付近である。

御前山でいまだ一人発見ならず

御前山に一度でも登ったことのある人なら、この山で道迷い遭難など考えもつかないだろう。北側には都民の森[*1]「体験の森」などが整備され、そんなに複雑な登山道などもない。

避難小屋利用のリハビリ登山

しかし山をなめてはいけない。この御前山での遭難事故はけっこう多いのだ。

2010年10月14日、神奈川県の「S山岳会」から、青梅署山岳救助隊あてにファックスが届いた。御前山に登って下山しない会員の捜索を依頼するものであった。

行方不明になっている男性Mさん(70歳)は山の経験は豊富であるが、数年前に脳梗塞を患っており、そのリハビリを兼ねて9月29日から10月8日までの予定で御前山、三頭山《みとう》などを散策するために入山していた。体が少し不自由なため、大きな荷物を御前山避難小屋まで知人に運んでもらい、そこを拠点として付近を散策したり、三頭山あたりまで足を延ばし、10日間を過ごす計画だったという。しかし予定の10月8日になってもMさんは帰宅しないため、家人から相談を受けたS山岳会の会員が、御前山に登り避難小屋を確認したところ、小屋には数日分の食料の入ったザックがあり、食べかけのカレーが残っていたが、本人の姿は見当たらなかった。山岳会員は五日市側に下山し、五日市警察署に届け出たものである。

御岳山から大岳山、鋸山、御前山、月夜見山、三頭山と西に延びる尾根の稜線の南側は五日市警察所管内であり、稜線の北側、すなわち多摩川側が青梅警察署管内である。先に捜索願いを受けた五日市署の山岳救助隊は捜索に入っていたが、青梅署に届け出たのは14日になってからである。御前山避難小屋は青梅署管内でもあることから、山岳救助隊を招集し捜索に入った。

Mさんの大きなザックやシュラフは避難小屋に置いてあり、サブザックとヘッドランプ、ストックがなくなっていることから、買い出しか温泉にでも行くため氷川に下りる途中、道に迷ったか転落でもしたのではないかと思われた。五日市署山岳救助隊は航空隊にヘリを要請したり、警備犬を投入したりしていたし、S山岳会の人たちも大勢入山して捜索をしていた。当署の山岳救助隊は稜線北側の沢や登山道のない尾根筋の捜索に当たった。私もあまり人の入らないシダクラ尾根や九竜山《きゅうりゅう》、栃寄沢《とちより》あたりに入って捜した。しかしリハビリ登山の人が、意識的にそのようなバリエーションルートに入り込むことは考えられなかった。

15日から4日間は大人数を動員し、集中して広範囲な捜索を実施したのだが発見できなかった。Mさんが行方不明になってからすでに長期間経過しており、当署山岳救助隊は以後情報待ちということで、大掛かりな捜索をいったん打ち切った。

2カ月経ったがMさんの情報はなにもなかった。山岳救助隊としての捜索はいったん打ち切っているので、若手の隊員などは自分の週休を使って御前山に入り、気になっている沢などを捜したりもしていたが、なんの手掛かりも得られなかった。

またしても行方不明者が

Mさんが行方不明になっておよそ2カ月後、またしても御前山で行方不明者が出た。都内在住のAさん(76歳)が11月27日、奥さんに「奥多摩の御前山に登ってくる」と言い置き、午前4時50分ごろ自宅を出たまま夜になっても戻らないと、日が変わった28日の午前1時30分に息子さんから電話で青梅警察署に届け出があったものである。

朝になって奥さんに奥多摩交番へ来てもらい、奥多摩駅にお願いして、駅に設置してあるモニターを見させてもらったところ、Aさんは27日の午前7時17分着の電車から降り、奥多摩駅の改札を出たことが確認された。

　奥多摩駅に設けてある登山計画書提出箱の登山届を確認したが、Aさんのカードはなかった。ただ同日に御前山に登った人のカードが2枚ほど入っていたので、その人たちに電話をかけ、Aさんらしい人を見かけなかったかを尋ねた。すると御前山の頂上で昼食後、バス停のある境橋に下山した男性の兄弟から、それらしい登山者とすれ違ったとの情報が得られた。兄弟は避難小屋のだいぶ下でAさんらしき登山者に「山頂はまだですか」と声をかけられたという。午後1時ごろで、相当疲れている様子だったとのこと。この情報によると、境橋の登山口を8時に登りだしたとして、山頂まで3時間ほどのコースを5時間かかってまだ避難小屋にも着いていないということになる。相当体調が悪かったことが考えられる。

　山岳救助隊は3個班を投入し、すぐ捜索に入った。

　ところがである。惣岳山から大ブナ尾根を下り、サス沢山手前から北に派生するサス沢とシダクラ沢の中間尾根を下った佐藤、市川班が、9月29日から行方不明になっていたMさんの所持品らしきものを発見したのである。サス沢の源頭付近で最も痩せ細った尾根を通過していた市川隊員が、シダクラ沢支流側斜面の10メートルほど下に小さなザックのようなものがあるのを発見。降りてみるとサブザックで、近くにストックも1本落ちていた。佐藤、市川両隊員はなおも捜索するが、それ以上の発見はなく、タイムリミットで下山した。

翌29日、Aさんと昨日遺留品が発見されたMさんの捜索を兼ね、3個班態勢で入山した。発見されたサブザックはMさん本人のものであることを奥さんが確認した。遺留品のあったシダクラ沢の支流側斜面を中心にシダクラ沢本流まで綿密に捜した。S山岳会の人たちも捜索に加わったが、夕方までなんの発見もなく下山した。

翌30日、Mさんの遺留品があった反対側斜面、サス沢源頭の急な斜面を250メートルほど降りたルンゼの中で、渡辺隊員がMさん名義のカードやヤッケなどを発見した。しかし日没となり危険な現場であるため、捜索は翌日に持ち越して引き上げた。Aさん捜索の班も手掛かりなしで引き上げてきた。

Mさんの行動の怪

翌12月1日、Mさんはサス沢上流にいるものと判断し、高田副隊長以下救助隊員4人と刑事課員が収容に入り、ほかの3個班はAさんの捜索に回った。私は藤田隊員と栃寄沢右岸尾根を登り、鞘口《さいぐち》山から九竜山に入って奥多摩病院裏までの尾根を捜索した。途中、Mさんの捜索班から無線が入り、稜線から約300メートル下のサス沢に注ぐルンゼ内で登山靴、スパッツ、[*2]白骨化したMさんのものと思われる頭蓋骨などを収容したと連絡があった。

Mさんは大ブナ尾根を小河内ダムに下ろうとして、サス沢山手前で北方に派生するサス沢とシダクラ沢に挟まれた尾根に迷い込んだのだ。それにしても荷物はシダクラ沢側斜面に落ちていて、本人は反対のサス沢側に３００メートルも転落しているとはどういうことだろう。シダクラ沢側に転落し、いったんは尾根に這い上がったが、不自由な体のため、こんどは反対のサス沢側に転落したのだろうか。

収容した人骨は歯型などから、９月に入山したMさんのものであることが判明した。いくらベテランだったからとはいえ、脳梗塞のリハビリにたった一人で10日間も山の中で過ごす行為はいかがなものだろう。

次の日から二日間、Aさんに対する捜索を集中して続けたが、手掛かりすら発見できなかった。山岳救助隊としては以後、情報待ちとして大掛かりな捜索はいったん打ち切ることとなった。

Aさんは避難小屋付近で相当疲れた姿を目撃されているのだから、時間的にもそう遠いところに下山するとは思えない。木の葉が落ち切り、草が枯れてからも、雪が降る前になんとか見つけようと、人員に余裕のあるときは捜索に入ったのだが、どうしても見つからない。

あれから3年が経つ。普通は山仕事の人か、猟師、渓流釣り、山菜採りに山へ入った人たちが発見することが多いのだが、Aさんに関する情報はいまだ何ひとつない。私はすでに山岳救助隊を退任した。Aさんを見つけられなかったことは心残りのひとつである。いつか後輩たちが捜し出してくれることを祈るばかりだ。

＊1 **都民の森**　自然散策や森林整備体験などができる東京都の自然公園施設。「檜原都民の森」と「奥多摩都民の森・体験の森」の二つがある。

＊2 **スパッツ**　登山靴に雪、砂などが入らないように足首を覆う袋状のカバーのこと。足首だけを覆うものをショートスパッツ、足首から膝下までのものをロングスパッツという。

春を待ちきれなかった人

いわゆるバリエーションルートに人気が

都内S区在住の男性Kさん（63歳）が「奥多摩の山に行く」と奥さんに言い置いて、2008年1月13日午前6時に自宅を出たまま夜になっても戻らず、奥さんは翌14日午前3時に居住地であるO警察署に捜索願いを出した。O警察署は、行方不明者が携帯電話を所持していることから、電話会社に位置測定を依頼したところ、奥多摩町大沢集落に立っているアンテナが微弱電波を拾っていることが判明したといい、青梅警察署に捜索を依頼してきた。

山岳救助隊を招集し、集まった救助隊員を3個班に分けて大沢集落を中心とする山域の捜索に当たることにした。行方不明者の携帯電話の電池はすでに切れてしまっているが、大沢集落にあるアンテナの北側、蕎麦粒山から派生する鳥屋戸《とやど》尾根、東側の安寺沢から平石山、本仁田山、南側の石尾根、西側の狩倉山から派生する山ノ神尾根に捜索隊を投入した。石尾根以外はいずれも登山地図に赤色実線で記載のある登山道ではなく、近ごろ人気の出てきた、いわゆるバリエーションルートだ。

私は昨年赴任したばかりの森副隊長と石尾根を狩倉山まで登り、山ノ神尾根を捜索することにした。石尾根は三ノ木戸山から上には雪が残っていた。狩倉山から山ノ神尾根を少し下ったが、雪に踏み跡はなかった。狩倉山まで登り返して六ツ石山まで行き、トオノクボ経由で水根に下山した。石尾根に転落するような場所はないし、雪には踏み跡があるから道に迷うこともないと思われる。午後4時、奥多摩交番に戻った。本仁田山と鳥屋戸尾根の2個班も帰ってきたが、なんの手掛かりも得られなかった。

翌15日は11人態勢で平石山、本仁田山、川苔山を中心に捜索した。警視庁航空隊のヘリも飛ばし、空からの捜索も行なったがやはり発見することはできなかった。

16日の朝も山岳救助隊員は奥多摩交番に集結した。行方不明者Kさんの奥さんが本人の写真を持って交番を訪れたので、Kさんのことについて話を聞くことができた。

Kさんは若いときには山をやっていたが、昨年の10月、奥多摩の高水三山を登ったことで山熱が再燃し、それから毎週のように奥多摩の山を登るようになった。最近では奥多摩に別荘を買いたいと、物件を探し歩いてもいたという。

奥さんがKさんのパソコンに入っていた山のデータを引き出して持参した。それには、青梅線の電車の時刻と終点奥多摩駅から乗り継ぎのバスの時間、これまでに登った山名とコースタイム、春になったら登ろうとしている山のことなどが詳細に書かれていた。そして、これから登ろうとする山のトップに蕎麦粒山を挙げている。日原からヨコスズ尾根を一杯水避難小屋に登り、蕎麦粒山に立って、鳥屋戸尾根の笙《しょう》ノ岩《いわ》山を経由し川乗橋に下山するコースである。「これだ」と私は思った。大沢集落のアンテナから見て、その北側正面に位置する鳥屋戸尾根は以前は登山地図に登山道の表記がなかった。しかしいま、昭文社の最新登山地図には、赤色破線ではあるが登山道の表記が書き込まれている。ここ数年、鳥屋戸尾根を登る登山者が多くなり、道迷いや転落死亡事故なども発生している。

家族の思い、いかばかりか

山を想う気持ちは恋心に似ている。「山恋」である。私も山に熱中しだしたころは、一日として山を想わない日はなかった。山のことで頭がいっぱいになり、胸が熱くなるのである。愛しい恋人がそこにいるのに、春が来るまで会わずに待つことができようか。山熱に冒された登山者が、春が来るまで待てるはずがない。Kさんも、はやる気持ちを抑え切れず、冬の蕎麦粒山を目指したのではないだろうか。

「どうしたらいいのかわからない」というKさんの奥さんに「私たちも一生懸命捜すので、自宅に帰って待っていてください」と諭し、この日も3個班に分かれて各仕事道から蕎麦粒山に登り、迷い込みやすい笙ノ岩山下部の東側ルンゼを丹念に捜した。航空隊ヘリも午前と午後に出て、鳥屋戸尾根を空から捜索したが、やはりなんの手掛かりも得ることはできなかった。

翌日も、その翌日も救助隊員は鳥屋戸尾根に突き上げる支尾根、沢などに入り、航空隊ヘリ、警備犬などの応援も得て捜索を続けたが、Kさんを発見することはできなかった。

1月18日、Kさんが行方不明になって5日が経った。雪も降り、生存の可能性は低い。残された家族のことを考えると気の毒でならないが、このまま部隊を投入し、発見するまで捜索を続けることはできない。山岳救助隊としては屈辱《くつじょく》的な選択ではあるが、家族の了解を得ていったん大掛かりな捜索は打ち切り、その後は人的余裕があったらそのつど救助隊を編成し、まだ見ていない場所を捜すこととした。

翌日、Kさんの奥さんが手みやげを持って捜索のお礼に交番を訪れた。慰めの言葉もないが、警察側の事情もよく説明し、これからも隊員を出せるようなときは優先して捜索に当たること、これまでにも猟師や釣り人などの情報から発見された例もあること、なにか情報が入り次第再捜索することなどを話して奥さんの了解を得た。

2月に入っても何度か雪が降った。Kさんの奥さんは、その後の情報を聞きにたびたび交番を訪れた。2月14日バレンタインデー。その日は救助隊員にチョコレートを持ってきてくれた。そして雪で白くなっている山を見て、肩を落として帰っていった。若い隊員はチョコレートを食べながら、チョコのお返しになんとかホワイトデーまでにKさんを捜し出し、奥さんのもとに帰してやりたいと話していた。

◇

若い隊員が週休に捜索

鳥屋戸尾根に照準を絞ったKさんの大掛かりな捜索は「情報待ち」としていったん打ち切られたが、それからもたびたび山岳救助隊にその後の情報を聞きにくる奥さんがなんとも気の毒で、「なんとしても捜してやろう」と若い隊員が中心になって捜索を続けた。

5月16日、私は週休であったが、同じく週休の若手隊員がKさんを捜しにいくというので私も付き合うことにした。私以下5人で鳥屋戸尾根の岩壁帯をザイルで下降して捜し、西側に派生する道のない尾根を下る。支尾根の急斜面に引っ掛かっていた紺色のTシャツを発見し回収したが、ほかにはなにも発見できなかった。こんなに集中的に鳥屋戸尾根を捜索してきたのになんの手掛かりもない。携帯電話の測定位置をいったん度外視して、根本的に捜索方法を練り直す必要があるのかもしれないとの思いを新たにしたのだった。

5月18日午前中、Kさんの奥さんが山岳救助隊を訪ねてきたので、二日前の捜索の様子を話し、そのときに発見して持ち帰った紺色のTシャツを見てもらった。しかしTさんの持ち物ではなかった。携帯電話の測定位置に固執しないでもう少し捜索範囲を広げ、隊員を出せるときは捜してみる旨を奥さんに伝え、帰ってもらった。

4カ月ぶりに無言の帰宅

Kさんの奥さんが帰ってから3時間後のことである。「海沢谷に沈んでいる遺体がある」と釣り人から110番通報があり、森副隊長以下8人が緊急出動した。「まさかKさんでは」という考えも頭をかすめたが、大沢集落のアンテナと海沢谷はまったく逆の方向である。距離も多摩川を挟んで10キロ近くも離れている。

現場は海沢谷林道を三ツ釜の滝方面に入り、井戸沢出合から100メートルほど下流であった。遺体は水深約1メートルの、淵《ふち》になった川の中央部に沈んでいた。革の登山靴を履いていて衣服には青白い水苔《みずごけ》がつき、仰向けで片足は砂の中に埋もれていた。相当に古い遺体だとわかる。私はスバリ（錨《いかり》状になったカギ）を打ち込んで衣服に引っ掛け、遺体を浅瀬に寄せた。

持ち物を調べると、左腕には女性ものの丸型腕時計をはめ、ジャンパーのポケットには古い型の携帯電話が入っていた。人相はわからないが、口には部分入れ歯が見えた。ザックは捜したが見つからなかった。

Kさんだろうか。刑事課員の実況見分が終了し、遺体を納袋に入れてバスケット担架に固定する。みんなで沢の中を林道下まで搬送し、海沢谷右岸の20メートルほどの急斜面を山岳救助車のワイヤーウインチで引き上げ、林道上の車に収容して刑事課員に引き継いだ。

救助隊本部に戻り、すぐKさんの奥さんに電話を入れた。すでに奥さんは帰宅していた。あまり期待をもたせないようにしながら何点か質問した。「Kさんは行方不明になったとき、どんな時計をしていきました？」「娘の時計をしていきました。革のバンドです」「携帯電話はどんな型でした？」「古い型の、折れないものです」「入れ歯はありましたか？」「総入れ歯ではありませんが、部分入れ歯はありました」。ほぼ一致している。「見つかったんですか」とはやる奥さんに、「予想していた場所とはまったく違ったところで古い遺体が見つかりました。まだなんとも言えませんので、携帯のメーカーと型式、通っていた歯医者の名前と住所がわかりましたら電話ください」と言っていったん電話を切った。

退庁時間になってもKさんの奥さんから電話はこなかった。こちらから何度かけても、呼び出し音は鳴るが応答はなかった。取るものも取りあえず電車に飛び乗って青梅警察署に向かっているのではないだろうか。

翌日、遺体は歯型などからKさんであることが確認された。何度も山岳救助隊を訪れ、早く見つけてほしいと願っていたKさんの奥さんはどんな心境であったろう。4カ月も経ってしまったいま、「元気な姿で」とは考えていなかったと思うが、いざ遺体になって帰ってきたKさんに直面し、遭難死が現実になってしまった悲しみと、見つかってよかったと思う気持ちが心の中で複雑に交錯していることだろう。

なぜ海沢谷に?

Kさんはどうして海沢谷などにいたのだろうか。奥さんの話では、Kさんは滝を見るのが好きだったという。海沢谷は美瀑の宝庫である。三ツ釜の滝、ネジレの滝、海沢大滝は「海沢三滝」として都指定の名勝であるし、海沢谷林道から直接対岸に見える井戸沢出合の滝は高さ6メートルほどの美しい直瀑である。その滝を見に谷に降りる際、誤って転落したのであろうか。そしてその下流の、釣り人もあまり足を踏み入れない瀑流帯でひっそりと4カ月ものあいだ、人目に触れることなく水に浸かっていたのだろう。

Kさんの捜索には長い時間がかかり、残念な結果に終わってしまったが、なんとか奥さんのもとに帰すことができた。

この捜索で私には、もうひとつ大きな収穫があった。若い隊員たちが自分の休みを使ってまで自主的に捜索したことである。山岳救助隊としてのプライドが育ちつつあるということだろう。

また今年も、奥多摩が一番輝く、爽やかな5月がやってきた。

川苔山に消えたベテラン登山者

ガイドの下見で川苔山へ

2002年2月12日、川苔山に登ったベテラン登山者が帰らず、もう1カ月以上経つがまだ見つかっていない。

帰らないのは都内H市に住む男性、奥多摩観光ガイドをやっていたMさん（62歳）である。

奥多摩観光協会では一昨年、ボランティアの「名人・達人観光ガイド」を一般募集したところ、たいへんな反響で90人もの応募があった。現在は50人程度で、行楽期などに奥多摩へ来る観光客のガイドとして活躍しているようであるが、Mさんもそのひとりであった。

発足当時に私も請われて新人ガイドに対し、安全登山についての講義をした関係で、Mさんとは面識があった。頻繁に奥多摩の山登りに来ているようで、通勤時などに電車の中でよく声をかけられた。登山経験も豊富で、近ごろは既成の登山道では飽き足らず、仕事道や水源林巡視道などをたどって登っているようであった。

2月13日、出勤すると、奥多摩観光協会の岡部事務局長が交番に顔を出し、Mさん未帰宅の報を聞いた。今朝Mさんの奥さんから岡部さんに電話があり、昨日の午前6時ごろ、川苔山に行ってくると言って自宅を出たまま、まだ戻らないというものであった。

岡部さんは昨日の出勤時、奥多摩駅前でMさんと会っている。声をかけたところ「竜王橋からウスバ尾根を川苔山に登ってくる」と言って日原行きのバスに乗ったという。

私は岡部さんに「山でビバークして翌日下山してくるケースもあるので、午前11時ごろまで待ってみてください。それで本人からなんの連絡もなければ捜索します。ベテランだから心配ないでしょう」と答え、山岳救助隊を午前11時に召集しておいた。

午前11時、岡部さんが来て、やはりMさんからの連絡はないと言う。すでに集まっていた救助隊員4名で捜索に入ることにした。奥多摩消防署に連絡したら、日勤員が3名応援するとのことであった。警視庁の航空隊にも電話したところ、ちょうど飛んでいるヘリがあるので、それを捜索に回すとの回答を得た。

救助隊員4名は竜王橋から入山した。気温が下がり小雪が舞ってきた。ウスバ尾根には登山道はないが、林業関係者の踏み跡がある。

下に積雪はなかったが、尾根に登り上げると雪が出てきた。しかし新しい靴跡は発見できなかった。尾根の南側の仕事道を登り、逆川《さかさ》上部の巻き道に出て弁当を食べた。北側には30センチの積雪があった。降っている雪はやまないがたいした降りではない。荒れた巻き道を大ダワに回り込んで本仁田山に向かった。

本仁田山山頂から二手に分かれて、大休場尾根とゴンザス尾根を捜索しながら下った。両班とも午後4時半過ぎには下山したが、なんの手掛かりも得られなかった。そして航空隊のヘリと消防の救助隊からも発見できずの連絡があった。

Mさんは観光ガイド仲間に、こんど登りたい川苔山のコースを書いたメモを渡していた。それには大丹波から真名井北稜を川苔山に登り、下山は第1案ロングルートとして赤杭尾根を古里に下るものと、第2案未踏ルートとしてウスバ尾根を竜王橋に下るものが書かれてあった。

岡部さんに竜王橋から入ると言ってバスに乗ったことからみて、今回はその下見で、一人で反対コースをたどったものではないだろうか。

頂上までの足跡はつかめたが……

翌14日も航空隊のヘリが飛ぶという。警察救助隊員は6名、消防救助隊員は3名、ほかに観光ガイドの会からも数名入山した。

私はこだわって若い渡辺隊員と再び竜王橋からウスバ尾根に入った。昨日登った仕事道からさらに奥の、ウスバ尾根末端の仕事道を登った。

尾根上部で雪が出てくると、そこに新しい足跡を発見した。昨日の雪がうっすらと積もっているが、たった一人の足跡はMさんのものに違いなかった。忠実に尾根の一番高いところを上に向かって続いている。

私は無線で航空隊のヘリ「おおとり6号」を呼び出し、Mさんの足跡を発見したのでウスバ尾根上空を飛んでくれるよう交信した。

私たちも足跡を見失わないように慎重に追った。樹林帯を出て、川苔山頂が見えるウスバ乗越[*1]に出たが、足跡はずっと山頂の方向に続いている。

天気が好いので大汗をかいてMさんの足跡を追い、とうとう午後0時30分、川苔山頂に飛び出した。川苔山頂の雪は登山者に踏み固められ、東側の小屋まで広い踏み跡がついている。小屋の前で踏み跡は三分し、左に下るものは横ヶ谷沿いに百尋ノ滝に到るもの、右に下るのは舟井戸を通り鳩ノ巣方面に到るもの、そのまま真っすぐ東に延びている尾根は、曲ヶ谷北峰を経て北進し都県境尾根へと続く主脈である。この主脈はすぐに古里へ下る赤杭尾根、大丹波に下る獅子口コースなどに分岐する。いずれも雪の上にたくさんの足跡が残っていて、Mさんが山頂からどのコースをたどったのかはわからない。この日私たちは、曲ヶ谷沢東側の尾根の足跡をたどって大丹波川に降りたが発見できなかった。

翌日、私は渡辺隊員と真名井林道に入り赤杭尾根を詰め、昨日足跡を見つけた真名井北稜から大丹波川に落ち込む曲ヶ谷沢西側の支尾根を下った。その足跡をたどっていくと高圧線の鉄塔に出た。鉄塔監視員の足跡と思われた。なんの手掛かりもつかむことができず救助隊本部に引き上げた。

黒木救助隊長はMさんの奥さんに電話して、「Mさんの生存を信じて捜索してきたが、残念ながら頂上までの足跡以外、なんの手掛かりも発見できなかった。これからは通常勤務を通じて情報収集を行ない、捜索はいったん打ち切りたい。情報が得られ次第再捜索する」旨を伝えた。Mさんの奥さんも「これまでしていただいて本当にありがとうございました。ご迷惑をおかけしました」との謝辞と、捜索打ち切りに対する同意を確認することができた。

Mさんはどこへ消えてしまったのだろう。その後も私は週休を利用して本仁田山から平石尾根を捜したり、真名井沢を遡行したりして気になる場所を捜した。また私が会長をしている警視庁の山岳会員も「手伝わせてくれ」と言うので、川苔谷などにザイルで下降しながら捜してもらったが、手掛かりを得ることはなかった。

◇

Mさんは安寺沢にいた

まだまだ暑い8月25日、ザイル操法の訓練でもやろうかと救助服に着替えたら、登山者が交番に立ち寄り、「人間の頭蓋骨を発見した」と届け出てきた。発見場所を聞いたところ、安寺沢集落から平石山方向へ安寺沢に沿って40分ほど登った潰れた小屋跡の付近だという。発見者の職業が歯の技工士で、上顎部の歯列に治療痕があったというから人骨に間違いはないものと思われた。私は直感で「Mさんではないか」と思った。

私が気にしていた本仁田山から平石山を経由して安寺沢に下る仕事道も、奥多摩ビジターセンターの加藤さんと捜しにいったが、稜線から安寺沢沿いに下る斜面の雪に踏み跡が確認できなかったため、踏み跡がついている稜線を捜索しながら安寺沢の集落まで下山したが手掛かりはなかった。安寺沢はもう一度下から登ってみる必要があるとは考えていたが、仕事にかまけて行きそびれていた。そしていま、安寺沢の中流域で頭蓋骨を発見したと聞いて「Mさんでは」と直感したのである。

刑事課員の到着を待ち、背負子《しょいこ》を担いで、発見者を案内に立てて入山した。集落から安寺沢沿いの仕事道を20分ほど登り、ワサビ田を過ぎると東屋《あずまや》が立っている。そこで安寺沢を右岸に渉《わた》るのだが、水の少ないその沢の中で登山靴を片方見つけた。それには軽アイゼンが着装され、メーカーはMさんの履いていたスカルパ[*2]の登山靴と同じものであった。そばで人間の腰骨と思われる白骨や緑色のスパッツなども発見された。もはやMさんに間違いはないようだ。刑事課員と発見者には沢沿いの仕事道を登ってもらい、山岳救助隊員は沢を捜索しながら登った。骨片はところどころに落ちており、中には大きな石の下になっているものもある。帽子やヤッケなども発見された。土砂に埋まった上衣の中には肋骨などの多くの骨が詰まっていた。

30分ほど遡上していくと、沢から一段高くなった右岸に潰れた炭焼き小屋がある。その少し開けたところに下顎骨のない頭蓋骨が転がっていた。いくつかの頸椎もそばに落ちていた。沢の中から獣がここまで運んできたものであろうか。

登山道はそこから大きく左の窪みに取られ、安寺沢とは尾根を境にして分かれている。安寺沢はそこから急なゴルジュとなり、上まで多くの滝をかけて続いていた。救助隊員はそこを登ってみることにした。3メートル、5メートル、7メートルと続く滝を登るとそこに大腿骨。さらに8メートルの滝の上にはザックが落ちていた。そしてその上の8メートルの滝の上でストックを発見した。まだ10メートルのナメ滝[*3]、最後の20メートルの垂直の滝と続くのだが、そのあたりになるとほとんど水は流れておらず、遺留品なども発見できなかった。

Mさんは滝の写真を撮ることを趣味としていた。奥多摩ビジターセンターのパソコンに入っている美しい多くの奥多摩の滝は、みなMさんの撮った写真である。しかしいくらMさんでも、単独ではこのゴルジュを下から登ることは無理である。そうすると雪の残る急斜面を、アイゼンを着けて上から降りてきて垂直の滝を転落したか、または登山道から尾根の中腹を巻いて沢に出て転落したかのどちらかであろう。

最後のストックが見つかったあたりで死亡したものと思われるが、遺体は数カ月そこにあり、だれの目にも触れることはなかった。それが7月、8月に来た3個の台風で一気に下まで押し流されたものと思われる。骨や衣服が土砂の下敷きになっていたことからもわかる。今回発見されなかったもう片方の靴やポシェットなどは土砂に埋まっているのだろう。

発見されたすべての遺留品をまとめ、救助隊員が背負い下山した。やはりMさんは安寺沢にいた。好きな滝が連続する中に、数カ月ものあいだひっそりと隠れていたのだ。しかし私がたとえ遭難当初、下から安寺沢を捜しにきたとしても見つけることはできなかったろう。仕事道は炭焼き小屋跡から大きく沢を離れている。連続する滝はそこから見ることはできない。私が捜すとしても仕事道を中心に、数年前にも事故があった稜線下のガレ場あたりを捜索していたであろうから。

Mさんの遺族も、6カ月ぶりの遺体発見に悲しみを新たにすることだろう。それでも発見できてよかったという喜びもあると思う。私も、もっと早く発見してやりたかったと思うと同時に、なにか大きな荷物をひとつ下ろし、ホッとしたような気もしている。

＊1 **乗越** 峰と峰との間の低い部分。はっきりとした道がないことが多い。
＊2 **スカルパ** イタリアの登山靴メーカーの名。
＊3 **ナメ滝** 岩をなめるようにして流れる滝。漢字では「滑滝」。

雲取山有情

白骨遺体の身元は……

1999年11月10日、雲取山で白骨遺体が見つかった。自然環境研究センターの研究員たちが、シカや小動物などの棲息密度調査のため、雲取山の北東斜面に入り込み、9名が各ブロックに分かれて調査を開始しようとした午前10時ごろ、一番東側の小雲取出合尾根を担当したAさんが、標高1700メートル地点の尾根上に、半ば落ち葉に埋もれた白骨の遺体を発見し、夕方午後4時30分ごろ下山して奥多摩交番に届け出たものである。

奥多摩交番において変死体発見の届け出は、そうめずらしいことではない。その多くは山や谷での自殺死体で、刑事課の担当ではあるが、収容作業は労力と危険がともなうので、山の専門家である山岳救助隊が担当することとなる。

私は発見者Aさんに山岳救助隊本部で、遺体の発見場所、状況などを詳しく聞いた。

遺体は小雲取出合尾根の痩せた場所で、根こそぎ倒れた大木の根の裏側に、風を避けるようにシュラフを敷き、落ち葉の中に埋もれるように横たわっていた。頭蓋骨が出ていたので、人間の遺体には間違いなく、登山者のようだったという。

小雲取出合尾根は雲取山頂直下の石尾根から派生する、東側の巻き道では一番大きな尾根で、大雲取谷支流の六間谷と小雲取谷に挟まれ、末端は大雲取谷に落ち込んでいる。Aさんが遺体を見つけたという1700メートル地点は、巻き道から高度にして約200メートル、距離にすると700メートルほど下った地点だ。

いま雲取山付近で行方不明になっている登山者といえば、1994年2月のTさんか、今年8月のUさんくらいだが、Uさんは死亡していたとしてもまだ白骨にはなっていないだろうし、Tさんにしては、そばに落ちていたスーパーのビニール袋などからみて6年間も経過したものとは思えないとAさんは話した。それならば、まだ届け出の出ていない遭難者の遺体か。

遺体を収容するとなれば、明日ということになるが、Aさんは明日、天祖山の孫惣谷周辺の調査が予定されており、現場への案内は無理だという。発見場所を印した地図を置いてAさんは帰っていった。

いまは日が短く、捜索に時間がかかったり、変死となれば刑事課員も同行し、遅くなる可能性があるので、警視庁航空隊にお願いして、雲取山ヘリポートまで捜索隊をヘリコプターで運んでもらうことにした。

翌11日朝、山岳救助隊員4名と刑事課員2名が、青梅市内にある明星大学のヘリポートからヘリコプターで雲取山に飛んだ。天気は好く奥多摩の全山が紅葉しつくし、錦の絨毯《じゅうたん》の上を飛んでいるようである。雲取山頂付近や石尾根の防火帯付近には登山者も多く、ヘリに向かって手を振っている。現場付近の上空を何度も旋回し、地形を空から観察したあと、奥多摩小屋そばのヘリポートに着陸した。

ヘリポートから歩きはじめ、小雲取山を越え、巻き道に入った。巻き道は雲取山頂を通らずに、小雲取出合尾根を大きく巻き、雲取山荘まで続くほぼ水平の登山道だ。雲取山荘までは山頂を経由しても時間的にはあまり変わらない。奥多摩小屋の取水口を過ぎると、広い尾根を大きく巻いた小雲取出合尾根となる。

巻き道が一番大きく張りだしたあたりが尾根の中央部分と思われるので、登山道から外れ踏み込んでいく。もちろん道はないが、このあたりにはシカなどの動物が多いため、明瞭なケモノ道が縦横無尽についている。

地図とコンパスで確認しながら主尾根を慎重に下っていく。大きな倒木が多く歩きにくい。途中右側に支尾根を分ける。小雲取谷に落ち込む尾根であろう。その支尾根に前川、渡辺の両隊員に入ってもらう。主尾根は私と中村隊員、それに刑事課の2名が行くこととした。谷を挟んだ対岸の二人と、無線で交信しながら下っていくと、尾根はやや狭まる。「現場は近いぞ、見落とすな」と声をかけ、捜しながら下る。

午前11時11分ごろ、南側の支尾根を行く前田隊員から「発見！」の無線が入る。なんとAさんが発見したという主尾根ではなく、枝尾根にそれはあったのだ。おそらくAさんもケモノ道をたどり、枝尾根に入り込んだものであろう。標高は地図で見ると、ほぼ１７００メートル地点である。

私たちのいる主尾根から対岸に渡るには谷が深すぎる。主尾根を１００メートルほど登り返し、トラバースぎみに下り、比較的浅くなったガレ場の谷を渡って支尾根に登り上げた。

大木が根こそぎ下方に倒れ、立ち上がった根の陰に、風を避けるようにシュラフらしきものが敷かれ、落ち葉に埋もれている。上方に白い頭蓋骨だけが落ち葉から出ていた。そばに濃紺のザックも見えている。刑事課員が写真を撮り、実況見分がはじまった。私は無線で警視庁あてに遺体を発見した旨の一報を入れた。発見時間は奇《く》しくも平成11年11月11日午前11時11分ごろと1並びであった。

刑事課員を中心に実況見分は行なわれた。近くに釣りの餌入れのようなものもあったので、釣り人のようにも見えた。昨年（1998年）の春も大雲取谷で釣り人の遭難があり、1週間も捜した末、元気に生還した身体の丈夫な男も、この下のあたりをさまよっていたのだった。

私は遺体のそばにあったザックの中を丹念に探したが、身元のわかるようなものはなにもなかった。ビニールの袋に入っている登山ガイドブックも、水が入って汚れていたが記名はない。ビールの空き缶が3個もザックの中に入っていた。

遺体の着ている雨具のポケットを探っていた中村隊員が定期券入れを見つけた。私はそれを奪うようにして取り、定期券の名前を見た。「Tさんだっ！」。私は叫んだ。その定期券に私には忘れることのできない、見慣れたTさんの名前がはっきりと読み取れたのである。

雪の雲取山に消えたTさん

1994年2月11日、いかにも雪の降りだしそうな寒い日。鴨沢から雲取山に登る3人パーティがあった。男性のTさん（47歳）とMさん（48歳）、それに女性のNさん（46歳）の3人である。女性であるNさんは疲れから、やや遅れぎみであった。

奥多摩小屋付近に着いたのは午後4時に近かった。雲取山荘を予約したとき、「夕食を頼む人は午後4時30分ごろまでに受付をしてほしい」と言われたこともあり、急ぐ必要があった。リーダー格であるTさんは、「巻き道を先に行って受付を済ませておくから、二人は山頂に登ってゆっくり降りてくるように」と言って巻き道に入っていった。

MさんとNさんは、尾根通しに雲取山頂に登り、北側の雲取山荘に降りていった。小屋に着くころはすっかり日も暮れ、暗くなっていた。しかし、巻き道を通り先に来ているはずのTさんはまだ小屋に着いていなかった。夕食が終わって午後8時30分、就寝準備になってもTさんは到着せず、Yさん、Nさんの二人はヘッドランプを点け、Tさんの捜索に出た。山頂の避難小屋にもいなかった。奥多摩小屋に着き、管理人の岡部さんに聞いてもTさんの情報はなかった。遅くなったので二人はその夜、奥多摩小屋に泊めてもらった。

その年はまだ雲取山に雪はなかったのだが、その夜から雪は降りだした。あくる朝、雪の降り積もった巻き道を捜しながら、二人は雲取山荘に戻ったが、やはりTさんは到着していなかった。二人は雪が降り続き吹雪となった中を下山し、12日の夕方、青梅警察署山岳救助隊に捜索願いを出したものである。

2月11日の夜から、日本全国がスッポリと強い寒波に覆われ、各地でドカ雪が降った。そして12日も雪が降り続いたのである。雲取山にも一日で1メートル以上もの雪が積もった。

山岳救助隊は13日朝、警視庁航空隊のヘリコプターで雲取山に飛び捜索を開始した。しかし吹き溜まりなどでは腰まで潜る新雪のなかでの捜索は難行した。消防、埼玉県警、山梨県警などの山岳救助隊も出て捜索に加わったが、1週間捜してもなんの手掛かりもなく、Tさんの家族の了解も得て、その後は情報待ちということで、2月18日、いったん捜索を打ち切った。

雪が消えた4月、それまでなんの情報もなかったが再捜索を開始し、大雲取谷や小雲取谷など3日間にわたり捜した。しかしこれも空振りに終わり、捜索は打ち切られたのであった。

6年ぶりに母親のもとへ

あれから5年9カ月、私が救助隊員となって初めて手がけた山岳遭難ということもあり、Tさんの名前は忘れることができなかった。雲取山で発生するほかの捜索などの際も、Tさんの手掛かりも合わせて捜した。しかしTさんに関するなんの情報もなく今日まで来たのである。

そしていま、定期券でTさんの名前を確認し、忽然と目の前に姿を現したTさんの変わり果てた遺体と対面して、私は驚きというよりも、ある種の感動をおぼえた。「Tさん、こんなところに迷い込んできていたのか、ずっと捜していたんだぞ、一人で寒かったろう」と白い頭蓋骨に心の中で話しかけていた。

実況見分が終わってから、衣服の中に入っていた骨をすべて集めて、遺体収容袋の中に納め、遺留品はまとめて背負子に括《くく》りつけ現場を離れた。巻き道まで登り返し、雲取山荘を経由し日原に下山した。山岳救助隊本部に着いたときには、短い日はとっぷりと暮れていた。

Tさんはなぜあんなところに迷い込んでしまったのだろう、私は後日、再び雲取山に登り巻き道を歩いてみた。奥多摩小屋から小雲取山までは二度ほど稜線を巻く巻き道がある。二度目の巻き道は野陣尾根に出て、富田新道を左に急登し小雲取山に到るものである。雲取山荘への巻き道は小雲取山のさらに先である。

Tさんは富田新道に突き当たった際、左の小雲取山に急登せず、奥多摩小屋の岡部さんが水場の巡視に行く踏み跡を雲取山荘に行く巻き道と勘違いし、真っすぐにそこへ踏み込んだのではないだろうか。はじめこそ踏み跡がしっかりしているが、すぐ不明瞭になる。急ぐあまりケモノ道を探し当て進むうち、小雲取出合尾根まで行く。明瞭なケモノ道が無尽についている。そして支尾根のケモノ道を下ったものだろうか。暗くなりビバークとなれば、当然風の当たらないあの倒木の陰がいい。私がビバークをするとしてもあの場所を選んだと思う。しかしTさんの不運は、あの晩日本列島を大荒れにした大寒波が南下してきたことだろう。ツェルト[*1]も持たずのビバークは厳しい。おそらくTさんは凍死したものと思われるが、いつ息を引き取ったかはわからない。

遭難の原因を結果論から言えば、パーティの分裂にある。3人一緒に行動していたとすれば、おそらくこの遭難はなかっただろう。しかしその状況により、リーダーの判断は難しい。今回はリーダーの判断により、そのリーダーが遭難したのだから……。

Tさんの遺体（白骨死体ではあるが）は収容当日、青梅警察署において検視がなされた。「骨に外傷が認められず、死体現場の状態、当時の状況などを考えると、遭難し凍死したものと認められる」と医師の所見にはある。

Tさんは独身で都内に母親と二人で暮らしていた。母親はTさんが行方不明のため、東京を引き払い、いまは宮城県仙台市の長女のもとに身を寄せているという。

翌日Tさんの母親と、同行者であったMさん、Nさんらが来署して遺体を引き取っていったという。6年ぶりに変わり果てた息子と再会した、年老いた母親の気持ちは察するに余りある。それでも行方不明のままでは忍びない。母親は大変感謝して引き取っていったと刑事課員から聞いたとき、私もなにか大きな荷物をひとつ下ろしたようなホッとした気持ちになった。Tさんも愛する母親のもとに帰り、やすらかに眠ってほしいと願わずにはいられなかった。

＊1　**ツェルト**　簡易テントを作ったり、体に巻いて防寒するなど、汎用性のあるシート。

疲労・軽装備

高齢化社会と登山〈I〉

高齢者登山のリスク

人は何歳まで山に登れるものだろう。もちろん体力的な個人差はあるだろうし、目指す山によっても違ってくるだろう。

奥多摩の山において私が遭難事故で扱った最高齢者は、単独行者E嬢の90歳が最高齢である。Eさんは武運つたなくして雲取山に逝ってしまったが、彼女などは単独行者として別格に位置づけていいスーパースターだろう。

私は仕事上、登山、ハイキングなどの団体から声がかかり、「中高年齢者の陥りやすい山での危険とその対策」や「奥多摩での遭難事故事例」などについて講義する機会がよくある。そんなとき、「経験の差、体力の差があるから、何歳になったら事故防止のため登山はやめろなどとは言えないが、平均的な日本人の体力からすれば、一応70歳くらいになったら遭難事故防止のためにも単独登山は自粛し、仲間とともに自分に合った山を楽しんだほうがいいのではないか」というようなことを話している。

過去の遭難事故統計をみても、中高年の登山ブームも影響しているとは思うが、60歳を越えると小さなミスによる大きな事故が急に増える。このような事故は、ブームに乗って山の魅力に取り憑かれ、山にのめり込んだ初心者がだんぜん多い。それもほとんどが体力のなくなる下山時、石につまずいて転倒、よろめいて転落などの「体力不足」、自然の恐さを知らないでガムシャラに突っ込む「知識不足」、道に迷って暗くなり、サバイバルできないなどの「経験不足」が、初心者事故の大きな原因である。

もうひとつ、昔山をやっていたが一時中断し、最近になってから再び山に戻ってきた人はプライドが高い。「昔どこどこの壁を登った」「昔どこの冬山をやった」と、山岳救助隊の助言など聞く耳を持たない人もいる。そして登ったことのない山でも、新人、初心者の前では、すでに登っていることにしなければならない。

「昔やれたんだからいまだってやれる」と、中断した年月と、年齢から来る体力的なギャップに気がつかないで登っている出戻り組は、最も始末の悪い遭難者となる。

昔から山を続けている人は、滑って手の骨を折った、浮き石を踏んで転んで足を折った、などという事故はあまりない。これは、昔からの経験を体が覚えているからだ。無意識で歩いているようでも、このくらいの斜面は、どこに力を入れて、体重をどう移動すれば滑らないだとか、岩場での足のリズムや靴の置き方など、五感が瞬時に反応し、それに体が正確に対応してくれるからだ。

たとえなんらかのアクシデントに遭遇しても焦らず、冷静に判断できる豊かな経験がものをいう。しかし、年をとれば体力は確実に下降線をたどっていくことも、認めたくないが紛れもない事実なのだ。

下山時に転倒してパニックに

1998年7月2日、この日は朝から日が照り、梅雨は明けていないが夏の到来を思わせた。朝出勤すると、今日は捜索が入っているという。

昨日、都内M市に住むAさんという70歳の男性が、御岳山から大岳山、そして鋸山から氷川へと縦走に出かけたまま、まだ帰宅していないと奥さんから捜索の依頼がきているというものだ。

遭難の可能性もあり、直ちに捜索に向かうことにした。救助隊を二人ずつの3個班に分け、第1班は氷川から鋸尾根を登り鋸山を経て大岳山まで、第2班は三ツ釜の滝から海沢探勝路を通り大岳山まで、そして第3班は御岳山から奥ノ院経由で大岳山までとし、それぞれ出発した。また航空隊にも連絡を入れ、ヘリコプターのスタンバイを依頼し、稜線の南側は五日市署管内なので、五日市警察署山岳救助隊に捜索を依頼した。

私は第1班で鋸尾根を行くことにした。鋸尾根は急な岩尾根で、途中の天聖山付近の岩場での事故が後を断たない。強い日差しのなか、捜索しながら1時間ほど登ると天聖山から続く岩場の鞍部[*1]に出る。尾根の両側が切れ落ちているところだ。鉄のハシゴも掛けてある。

Aさんの名前を呼びながら捜索していると、第2班から無線連絡が入った。「Aさんを発見。相当衰弱していて歩くことはできない」との連絡だ。場所は海沢大滝の上付近とのこと。私たちは飛ぶように下山し、山岳救助車に担架を積み、三ツ釜の滝に向かった。

Aさんの発見状況はこうである。第2班が三ツ釜の滝から入山し、ネジレの滝、大滝を過ぎてワサビ田の先からジグザグの急登となるが、その場所でAさんのものと思われるザックを発見した。この近くにいると判断し、沢沿いを捜索すると30メートルほど離れたところの倒木に横たわっている遭難者Aさんを発見した。

頭部や顔面に多数の挫傷が見られ出血しており、左右の腕は紫色に変色し腫れあがっていた。全身を震えさせ、意識はあるものの、自分の名前すらやっと言えるほどの、かなりの衰弱放心状態であった。登山靴は片方しか履いていなかったし、壊れたヘッドランプが傍らに転がっていた。

一刻も早い救助の必要性があったので、航空隊のヘリコプターを要請するとともに負傷者の応急手当てを行なった。あたりは雑木が密生しており、上空のヘリからは発見が困難なことから、鋸で雑木を切り倒し、頭上に空間を作った。

ヘリが飛来した。地上から無線で連絡を取りながらヘリを誘導する。ヘリが地上の救助隊を発見。25メートル上空でホバリングしホイストでバケットを降下させてきた。座らせておいたAさんは、ヘリの風圧で再び仰向けに倒れ、身動きできなくなっているのを隊員が背負ってバケットまで搬送し、中に入れて座らせてやる。ヘリにOKを送ると、Aさんを乗せたバケットはゆっくり吊られて上昇し、午後0時07分、無事ヘリ内に収容することができたものである。

病院に運ばれたAさんは、頭部挫傷、両上腕、両下肢打撲、両足凍傷と診断され、かなり体力が低下し衰弱し切っていたので即時の入院を余儀なくされた。

7月の暑い時期であったにもかかわらず両足凍傷とはどうしたことだろう。私には医学的知識はないのでわからないが、後日、奥多摩に住む世界に通用するクライマー、山野井君と話しているとき、その話題が出て、「冬山で起こる凍傷とは異質のものではないか、水の入った長靴を一日履いていて凍傷になったなどということも聞いたことがある」と山野井君は言っていた。

それではなぜAさんは大岳山から海沢に下ろうとしたのだろう。奥さんには御岳山から鋸山まで縦走するといって家を出たのだが、高齢からくる体力不足で大岳山までしか行けず、海沢探勝路を下山したのではないだろうか。そして途中で暗くなり、ヘッドランプを取り出す際、過って転倒。ヘッドランプは壊れ、自分も負傷してしまったことからパニックに陥り、足を沢に浸したまま一夜を明かしたのではないだろうか。なにはともあれAさんは一命を取り留めた。これからAさんは山をやめるのであろうか？　いや、山の魅力はそんな一過性のものではない、たぶん歩けなくなるまでAさんは山の魅力に引きずられて生きていくと私は思う。

お前は講演で何を話したんだ

救助が終わってから本署に行くと、上司から「おい金、Aさんはお前の講演を聞いたことのある人だそうじゃないか。お前は講演で何を話したんだ」と言われた。「おかしいな？　俺は高齢者の単独行は自粛するように呼びかけているのに」と答えたが、釈然としないまま幾日か過ぎた。

それから10日目にAさんの奥さんと、Mさんという方が交番にお礼の挨拶に訪れた。Mさんはさんの友人で、以前私が「Sクラブ」というハイキングクラブで講義したのを聞いたことがあるという。Aさんが山から帰らないので、心配した奥さんが、どうしたらよいかMさんに相談したところ、Mさんは「すぐに金さんのいる青梅警察署に捜索願いを出せ」とアドバイスして、二人で青梅警察署を訪れ、捜索願いを出したものであった。その際Mさんは「以前金さんの話を聞いたことがある」と、私の上司に話したため、遭難したAさんも私の話を聞いたと勘違いされたらしい。

私は基本的には中高年登山ブームは素晴らしいことだと思っている。NHKで放映した深田久弥の「日本百名山」や、岩崎元郎氏と、みなみらんぼう氏の「中高年の登山教室」などによって、ブームに拍車がかけられた。

暇をもてあましパチンコに入り浸っているよりも、大自然の中でする「無償の行為」に価値を見いだすことのほうが、私は素晴らしいと思う。ただ、登山は競争ではない。百名山登破もよいが、そうなると山を楽しむというよりも、記録を意識することとなる。中高年になってから記録をあまり意識しすぎると危険が忍び寄ってくる。

＊1　**鞍部**　馬の背で鞍を置く場所のように山と山の間が低くなったところ。コルとも呼ぶ。

高齢化社会と登山〈Ⅱ〉

元気いっぱいの高齢登山者

１９９8年9月15日敬老の日（祝日）、新聞やテレビでは、元気のよいお年寄りたちの活躍が、さかんに紹介されていた。日本はいま、6人に一人が65歳以上の高齢者だという。そして「人生80年時代」、老後の人生を楽しく、生き甲斐を見つけようと訴えていた。

今日、せっかくの祝日だというのに、台風5号が関東地方を直撃するとの天気予報だったので、私の出勤電車「奥多摩行」は、さすがに空いていた。それでも元気のよい何組かの中高年登山者グループは、「台風何するものぞ」の意気込みで山へ出かけていった。その勇気には脱帽するほかないし、元気なことはいいことだとも思う。ただ、登山というスポーツの相手は「大自然」である。人間が自然に打ち勝つとか、山を征服するなどということは、不可能である。

登山とは、山が機嫌のいいときに人が「登らせてもらっている」と考えたほうがいい。過去の例からみても、山が機嫌をそこねたときは、どんな有名な登山家でも、どんな強力なパーティでも、そしていくら果敢に戦っても帰ってこれなかった。しょせん人間は自然に勝つなどということはできないのである。登山者はまずそのことを一番に認識しておく必要がある。

86歳、死の淵からの生還

8月26日午後、私は青梅本署に顔を出し、奥多摩へ戻ろうとしていたら、警備係から呼び止められた。いま、御岳山に登った未帰宅者の捜索願いを受理したということである。

都内S区在住の女性Tさんは、明治生まれの86歳。ハイキングクラブの「Fクラブ」に所属し、8月23日、クラブの仲間と御岳山にハイキングに行くと自宅を出たまま、まだ帰宅していないというものである。Tさんの写真と、Tさんが参加するはずの御岳山ハイキングコースが紹介されている「Fクラブ会報」を持って、Tさんの娘婿が届け出てきた。

会報には代表の巻頭言が載っており、その中で「会で自慢できること、それはO様

95歳、T様86歳、まだ現役。ハイクで参加し元気で歩いておられます」と代表は自慢していた。未帰宅者はその「T様86歳」であった。

警備係はクラブの代表に電話して詳細を聞いた。当日8月23日のハイキングは、午前7時40分、立川駅に集合し、青梅線で御嶽駅まで来て、ケーブルカーで御岳山に登り、御岳ビジターセンター～長尾平～綾広の滝～七代《ななよ》の滝と回り、五日市の養沢に下山するものであったが、Tさんは集合場所である立川駅、御嶽駅のどちらにも集合しなかったので、欠席するものと思い、集まった仲間で予定どおり御岳山ハイキングを行なって、夕方解散した。しかし、家族からの連絡で、Tさんは予定どおりハイキングに家を出たが、帰宅していないということである。

翌日、家族で捜索したが発見できず、住所地のS警察署に捜索願いを出し、そして今日、青梅警察署の警備係に捜索を願い出てきたものであった。行方不明になってから4日目である。

私は急いで奥多摩に戻った。そして今日勤務の山岳救助隊員の召集をかけ、御岳山上にある御岳ビジターセンターの知人、片柳氏に電話をして、8月23日の日曜日にTさんらしき人が立ち寄らなかったか聞いてみた。しかし、そんな高齢者の単独行なら目立つはずだが、気がつかなかったとの回答を得た。

集合した山岳救助隊員と捜索方法を話し合っているところへ、鳩ノ巣駐在所の吉村警部補から電話連絡が入った。今日は週休で自宅にいると、山でワサビを栽培している地元の人が来て、「ワサビ田のそばに女の人が倒れている。まだ生きているようだ」と届け出てきたという。

「それだ！」と救助隊員は色めき立ち、鳩ノ巣駐在所に直行した。届け出てきたOさんの話によると、鳩ノ巣の自宅から越沢《こいざわ》に沿って約1時間半ほど登った大塚山の下の支流に作っているワサビ田に、今日も朝から出かけて仕事をしていたが、午後2時ごろ帰ろうと思い、沢を下りはじめると、ワサビ田のそばに倒れている女の人を発見した。驚いて下山して駐在所に届け出たものであった。現場には下から越沢通しに歩いて登るより、ケーブルカーで御岳山まで登り、大塚山を回り込み沢に下ったほうが早いと言うので、ケーブルカーの「滝本駅」に緊急で向かった。

ケーブルカーの待ち時間はあったが、緊急であれば臨時便を出してくれるということなので、「人命にかかわることなのでぜひ出してほしい」と頼み、午後5時ちょうどに臨時便を出してもらった。

日暮れとの戦いである。本署を通じ航空隊のヘリコプターのスタンバイを要請した。先発隊5名は「御岳山駅」から、発見者Oさんを案内に立て、大塚山を回り込み、無線塔から鉄五郎新道を下った。途中から西側の道のない急斜面を越沢に向かって20分ほど下ると、越沢の支流に出る。Oさんのワサビ田のあるところだ。ここから100メートルほど下に女性は倒れているという。私は背負子に着けた折畳み式のバスケット担架を背負ったまま沢を下った。

薄暗い沢のそばに人が倒れている。頭を下流に向けガレ場にうつ伏せになっているが老女と思われた。裸である。パンツとブラジャーのほかなにも着けていない。靴さえも履いていない。血の匂いを嗅ぎつけ、銀バエが飛び回っている。私は近づいて「Tさんか?」と、大声で何度も呼びかけると、裸のアバラがかすかに動いて「ハイ」と答えたようだった。「生きている!」。私はみんなに報せた。

救助活動に移った。後ろから抱き起こすと、滑落したと思われる打撲傷が顔面、両手、両足といたるところにあり、前額部からは血が流れていた。目はつむったままであったが、小柄で白髪の老女は写真で確認したTさんに間違いなかった。体が冷たく、さかんに痙攣《けいれん》しており、低体温症が心配された。

付近を見回したが、遭難者のザック、靴、衣服などは発見できず、救助隊の持ってきた乾いた合羽を着せ保温し、ガーゼと三角布で応急手当てを施した。一刻を争う事態なので無線でヘリコプターの出動を要請した。

応急手当てを終えた、体重40キロもないと思われるTさんを横抱きにして、組み立てたバスケット担架に乗せた。

沢の上は木の枝が空を覆って薄暗く、ヘリが飛んできても発見はできまい。空の見えるところまで搬送する。4人で担架を持ち、足場の悪いガレ沢を100メートルほど急登すると、上に空が望めるワサビ田に出た。ここでヘリを待つことにした。ヘリの妨げとなる邪魔な立ち木を数本伐採し、無線でヘリを大塚山の下に誘導する。

ヘリの音が聞こえてきた。炎の出る発煙筒を焚き、大きく振って現在地を報せる。ヘリも発見したらしく、下流から山肌を舐《な》めるように飛来し、上空30メートルでホバリング。救助態勢に入り、ホイストで救助用バケットを降ろしはじめた。下は凄い風圧で、枯れ枝が折れて吹き飛んだ。バケットが地上に降ろされた。担架から下ろしたTさんを抱いて、バケットに乗せ座らせる。無線でヘリに準備完了を連絡する。Tさんを乗せたバケットは、揺れながら吊り上げられて30メートル上空のヘリの機体の中に消えた。ヘリはゆっくりと方向を変え、越沢下流に飛び去っていった。間一髪、日没に間に合った。

あたりに静けさが戻った。後発隊も到着し、資材の撤収を行ない、真っ暗になった道のない急斜面をヘッドランプの灯りで登り、ケーブルカーの御岳山駅まで帰ってきたが、すでに最終便は出たあとだったので、臨時便を出してもらい午後8時10分滝本駅に全員集合し、慌ただしかった救助活動を終了した。

認知障害が生じたのか？

今回の救助活動は、遭難者の86歳という年齢、4日間という行方不明日数を考えると、一刻を争う時間との戦いであった。日ごろの救助訓練を生かし、航空隊のヘリと一体となった素早い救助活動が功を奏し、結果的に高齢遭難者を死の淵から生還させることができた。

ヘリコプターで立川の災害医療センターに収容されたTさんは医師の診断を受け、体全体の打撲傷と肋骨骨折、相当に衰弱しており肺炎を起こしているが、命に別状はない。ただ昨年患った脳梗塞の再発が心配であるとのこと。1カ月経ったいまも入院中である。

Tさんの娘さんに聞いたら、Tさんは脳梗塞を患ってからは、ときどき認知症のような症状の出ることがあったという。高齢になると、日ごろは元気で暮らしていても、山岳遭難などという非日常的な事態に陥れば、そのような認知障害の症状が生まれるのかもしれない。

Tさんも、ケーブルカーで御岳山に登ったのは覚えているが、それ以降の記憶はほとんどないという。4日間のうち、強いにわか雨の降った日もあったが、おそらく何日かは大塚山の避難小屋か杣小屋など、雨の当たらない場所で過ごしたに違いない。そうでなければTさんの体力から考えて生還は無理だったろう。

当日、孤独感や恐怖心から夢遊病者のように山中をさまよい、衣服を脱ぎ、靴さえも脱ぎ捨てた。そして力尽き倒れた、というのが真相だろう。

おそらくTさんは、「私はまだまだ大丈夫、平場でヨタヨタしている年寄りとは違うんだ」と思っていたのではないだろうか。

高齢化社会と登山〈Ⅲ〉

最も多い体力不足による遭難

中高年の登山で一番問題になるのは、年齢からくる体力不足である。とくに中高年になってから登山をはじめた者は自分の体力のペース配分がわからないから、登ることに体力を使い切り、下山時に足がつって歩けなくなったり、よろけて転倒したりという事故が多くなる。

「あなたは何をして体を鍛えていますか？」と質問すると、「山に登って体を鍛えています」などという答えが返ってくる。私はいつも言う。「違うんだなあ、山に登って体を鍛えるのではなく、体を鍛えてから山にいくのでなければダメ」。ひと月に1回か2回山に登って、体なんか鍛えられるわけがないのである。ほかのスポーツでも、基礎体力をつけ、勉強して、練習をして、それから試合に望む。登山だって同じなのである。

常にジョギングや腕立て伏せ、腹筋などの運動をして体力、持久力をつけておく。そして装備はどういうものが必要か、地図の読み方、天気図の見方、テントの張り方、焚き火の仕方。いろいろな勉強、訓練をして試合に挑む。その試合場は「山」という大自然だ。

山に登る者は、常にそういう心構えが必要だと思う。ほかのスポーツでは試合に負けても死ぬことはないが、登山では命を落とす人がたくさんいるのだから、なおさらである。

高齢者の事故事例をみると、その原因が体力不足によるものが最も多い。「山で体を鍛える」のではなく「体を鍛えてから」山に登ってほしいものだ。

83歳、リーダーF氏の奮闘

1998年8月21日、真夜中の午前2時、職場の宿直から電話で起こされた。「昨日、海沢の三ツ釜の滝を見にいった高齢者6人パーティがいまだ帰宅していないので、朝5時から捜索する。出番の山岳救助隊員全員に召集をかけた」という連絡であった。いまから一眠りしたのでは間に合いそうもないので、支度してすぐ奥多摩に車を飛ばした。

未帰宅者は、男性F氏（83歳）がリーダー、ほかは全部女性で76歳、75歳、68歳、65歳、63歳の6名だという。道に迷い、どこかでビバークしているのだろうか。

午前3時30分、奥多摩交番に到着すると、勤務員が「午前2時過ぎ、全員氷川に下山したので、捜索は打ち切りと本署から連絡がありました」という。その旨召集した山岳救助隊員には連絡したが、私だけが家を出たあとだったので連絡が取れなかったという。ともあれ全員無事だったのだからよかった。体力のない高齢者の遭難には一番気を遣う。その日は寝不足で一日の勤務を終えた。

翌々日の昼過ぎ、高齢のご婦人が足を引きずりながら中年男性の肩につかまり奥多摩交番を訪れてきた。「うちのおふくろが、先日ご迷惑をかけた山岳救助隊にぜひお詫びを言いたいときかないもので」と中年氏。ともかく中に招き入れ事情を聞いた。

ご婦人は先日捜索願いが出されたFさんパーティの一人でHさん（75歳）であった。「パーティの下山が遅れ、山岳救助隊のみなさんには大変ご迷惑をおかけし、申し訳ありませんでした」とお詫びのあと、「あの日はひどい目に遭った」と愚痴をこぼしはじめた。

Hさんの語った内容はこうである。近所のハイキング仲間であるF氏の発案で、海沢の三ツ釜の滝を見にいこうということになり、高齢者6人で奥多摩にやってきた。

F氏は昔山をやっていた人で、山のことには詳しかったという。

6人は奥多摩駅から海沢林道を三ツ釜の滝まで歩いた。三ツ釜の滝は、林道から登山道に入り5分くらいのところにある。真夏ではあったが美しい滝を見ていると暑さを忘れた。

さてその次はネジレの滝、海沢大滝と進み、昼食のあと、F氏は「ここからいくらでもないから大岳山に登ろう」と言いだした。その時点ではまだみんな疲れてはいなかったのでF氏の提案に従い海沢探勝路を登りだした。

F氏は地図を持ってきていた。ずいぶん年期の入った、戦後まもなく出されたものだと、ご自慢の地図だった。その地図をたよりに登ったが、どうしたものか途中で道に迷ってしまった。F氏の先導でどうにか大岳山の尾根には出たものの、途中の急登でみんなはヘトヘトに疲れ切ってしまった。

すでに午後5時に近かったが、夏の陽はまだ高く、F氏は「ここまで来たら鋸山を通って氷川に下ったほうがいい」と言って、疲れているみんなを励まし鋸山に向かった。起伏の少ない尾根道ではあったが、休む時間が多くなり、鋸山の山頂に着いたときは夏の日も暮れかけていた。鋸尾根はその名のとおり、起伏の多い長い岩尾根である。鋸山の肩から鉄ハシゴを降り、西側に10分も下れば、いまは舗装された立派な鋸山林道が五日市側の神戸《かのと》から奥多摩の氷川まで通じているのだが、しかし悲しいかな戦後まもない地図にはその整備された林道も載っていなかったろう。

もちろん日帰りで滝を見にきたのだから、ヘッドランプなどだれも持ってきてはいない。

さあ、ここから83歳リーダーF氏の奮闘がはじまる。これから暗くなろうとする険しい鋸尾根をどうやって降りたか。昼間でさえ滑落事故の多い岩尾根である。

鋸山頂から薄暗いヒノキの林の中を、F氏の指示で一列になりゆっくりと降り、最初の急坂を下るころ、日はすっかりと暮れた。リーダーF氏自身も83歳という年齢からくる疲れで足元がおぼつかなくなってはいたが、自分が連れてきたという責任と、ただひとりの男性という手前、本人が弱みを見せることはできなかったろう。

F氏はみんなを励ましながら慎重に下った。暗い林の中の登山道は一列になり手をつないだり、前の人のザックにつかまったりしながらソッと足を出し、一歩いっぽの安全を確認しながら進んだ。鋸尾根の中間部からは左右に切れ落ちた、起伏のある岩尾根に変わる。登りはみな四つん這いになり岩場を登り、そして下りはみんなが尻を着き、片足ごと手探りならぬ足探りでスタンスの安全を確認し歩を進め、尻を下に移動し、こんど反対の足で岩場を探る。こんな方法で鋸尾根を下ったのである。なんとも危なっかしい下山であった。天聖山周辺の岩場では、氷川の灯りが眼下に美しく見えたことだろう。

ともかく昼間なら時間的には1時間半もあれば下れるが、急な岩尾根でいままで事故も多発している険しいコースを、暗闇のなか懐中電灯も持たず、7時間近くもかけて1名の落伍者もなく氷川まで下ったのだから幸運としか言いようがない。

午前2時近く、登計《とけ》の民家までたどり着き、F氏は自宅へ電話した。しかし奥さんは警察に捜索願いを出したあとだったので、再び警察に電話をかけ、無事下山した旨の連絡を入れたというものであった。

Hさんは次の日、体中が痛み、一日中寝ていたという。擦り傷、打ち身、青痣などがいたるところにあり、「あんな目に遭うのならもう山には絶対登らない」と散々愚痴をこぼし、息子さんの肩につかまり帰っていった。

最低限の装備と新しい情報が不可欠

高齢者6人、事故がなかったことが不思議なくらいの山行である。リーダーたるF氏、まず全員の体力、経験を考えてそれに合ったコースを選ぶべきである。

装備はどうか。いくら日帰りとはいえ、登山にヘッドランプや雨具は必需品である。

昨年（1997年）奥多摩の各山頂でとったアンケートによると、約半数の登山者が照明具は持っていないと答えている。必要な最低限の装備も持たずに登山をするということは、グローブも着けず野球をするようなものだ。

登山に限らずいまの世の中は、常に新しい情報が必要だ。戦後まもなく発行された地図など、骨董屋では貴重かもしれないが、それを頼るととんだ事故につながりかねない。

照明具も持たずに日が暮れたら、ビバークをしたほうが懸命だ。晴れた夏の夜、星を眺めて焚き火をし、草をしとねに一夜を明かすのもおつなものだ。暗闇のなか、手探りで岩尾根を下山するなど自殺行為にひとしい。

以上のことからF氏はリーダーとして失格である。

数日後F氏から山岳救助隊に葉書が届いた。それには「大変ご迷惑をおかけ致し本当に申し訳なく思っております。これを機に今後、今回の様な不祥事を起こさない様重々勉強し、注意して慎重に行動することをお誓いし、ご迷惑ご心配をおかけしない様にする所存でございます」という、いかにも真面目人らしい丁重な文章であった。

登山と携帯電話

携帯電話での救助要請が増加

最近、携帯電話の発達と普及が目覚ましい。2000年3月、私は友人と谷川岳の幽ノ沢を登り、一ノ倉岳の山頂でホワイトアウト[*1]に遭って、やむなくビバークすることになった。そのとき、友人の携帯電話でその旨を自宅に連絡したのだが、冬の一ノ倉岳で東京の自宅と話ができること自体、メカに弱い私にとっては驚きだった。

携帯電話は、まだどこででも通話可能というわけではないが、これほど普及したいま、山行には必携なものとなったことは確かだ。

奥多摩の山での救助要請も、家族などからの捜索依頼は別として、半数以上が携帯電話によるものとなった。まだ沢筋などでは圏外のことが多いが、山での事故は一刻を争うこともある。通話可能な場所まで降りてきて、そこからかければ、救助要請に集落まで降りてくる時間が短縮できる。

ただいくら便利になったからといって、軽い捻挫くらいで、自分たちでできることもやらず、安易に救助隊要請というのは困る。リーダーはそのあたりの判断を的確に下す必要がある。いまは山でのアクシデントにおいて、セルフレスキューが叫ばれている時代でもある。

「もしもーし、遭難しました」

1995年5月21日、山岳救助隊に青梅本署から電話が入った。「御岳インフォメーションセンターから『高水三山に登った女性2名が惣岳山付近で道に迷っていると携帯電話で救助要請が入った』と連絡があった」というものであった。

私はすぐ、女性の携帯電話番号をプッシュしてみた。若い女性が出た。「もしもし、こちら青梅警察署の山岳救助隊ですが、どうしたんですか？」と聞くと、「ああ救助隊の方ですか、友達と二人で高水三山に登ったのですが、道に迷ってしまいました。いまどこにいるのかもわかりません。どうしたらいいでしょう」と答えが返ってきた。

横浜から来た23歳と21歳の女性2名、彼女たちは今日午前10時ごろ、御岳のインフォメーションセンターでもらった略図をたよりに、御嶽駅から高水三山に向けて出発した。三山のうち最初の山である惣岳山を目指したのだが、ピークには着かず、そのうち下り坂となった。なおも下っていくとヒノキの林の中に入り、道も細くなって枝分かれし、心細くなってきたので、パンフレットに書いてあった「御岳インフォメーションセンター」に、持っていた携帯電話で連絡を取った、というものであった。

高水三山のあの広い道が細くなったというからは、どこか枝道に迷い込んだのだろう。まだピークは踏んでいないというから、巻き道を通って岩茸石山の方向に向かったか、それとも沢井か丹縄《たんなわ》のほうに降りてきているのかもしれない。

数年前、行方不明者の捜索で、あのあたりはくまなく歩いているので、大体の地形は把握している。私は電話で「そこから見えるもの、なんでもいいから教えてほしい」と言ったら、「林の中でなにも見えない」との答えだった。「それならそこまで来るあいだに見えたもの、なんでもいいから教えてくれ」と聞くと、「ところどころに何番鉄塔に到るという杭が立っていた」と言う。私はピンときた。そこは沢井の青渭《あおい》神社裏に下る、鉄塔の巡視道だ。彼女らは、惣岳山のピークを右から巻き、さらに東側に折れ、沢井に下るルートをたどったのだろう。

私は彼女らに「大体の場所はわかった、体力は大丈夫か」と聞いたところ、「どこもケガはしていないし、若いから体力は大丈夫」との答えが返ってきた。「それではゆっくりでいいから、その道を下ってきなさい。なにかあっても携帯電話があるから大丈夫だ。そこを下れば大きな神社の裏に着くはずだ、その神社のところで待っていなさい。私もすぐそちらに向かうから」と言ったところ、安心した声で「そうします、よろしくお願いします」と言って電話を切った。

私は江上隊員と山岳救助車で沢井の青渭神社に向かった。なんと便利なものができたのだろう。今回は単なる道迷いでしかないが、これなら遭難者と直接話をしながら捜索ができる。携帯電話はこれからの山岳救助で大きな武器になることは間違いない。

青渭神社の大きな鳥居の下で、彼女たちはニコニコ笑いながら私たちを待っていた。事情を聞くと、二人は御岳周辺の散策に来たのだが、インフォメーションセンターで高水三山の略図をもらったので、それではここに登ってみようと出かけて、道に迷ってしまったものであった。「山はそんな安易な気持ちで登っては、大きな遭難事故の原因になる」と気合いを入れ、御嶽駅まで山岳救助車に乗せて送ってやった。

頼りすぎは事故のもと

携帯電話は確かに便利ではあるが、登山の道具ではない。登山はあくまでも、自らの二本の足で、地球の重力に抵抗し山頂を目指すという、最もシンプルなスポーツなのだ。山に登るための装備はもちろん必要だ。その装備も近ごろではずいぶん性能がアップして、安全性も高くなってきている。ただ山においては「装備イコール実力」と錯覚されては困るのだ。

登山用のナビゲーションなども出ていると聞く。それらの機械は万能ではない。基本的には地図とコンパスと自分の経験に頼るべきだ。携帯電話なども、奥多摩の山では通じない箇所がほとんどだ。あまりそういうものに頼りすぎると事故の原因となる。

何年か前、冬の剱岳に登った関西のパーティが雪に閉じこめられ、動けなくなり無線で救助を要請した。大雪をついて富山県警の警備隊が救助に登っていくと、遭難者はテントの中で誕生パーティを開いていたなどと新聞で叩かれた出来事もあった。救助を要請するほうは食料もあるし、ただ救助隊を待っていればいいことなのだが、救助する側は命懸けで登っていくのだ。

救助要請の電話も、便利になればなるほど、その使用は慎重にしてもらわなければならない。

＊1 **ホワイトアウト**　霧などでなにも見えなくなる現象。

俺は怒っているんだ

本人の責任で行動するのが登山のルール

別に救助する側だからといって高飛車に出るつもりはないのだが、あまりにもモラル意識の低い登山者が多くいるのも事実だ。登山の基本から勉強してもらいたいと思える登山者が、たくさん奥多摩の山を登っているのだ。登山もスポーツとしてとらえるなら、遭難すれば命を落とすことさえあるのだから、ほかのスポーツよりもさらに真剣に勉強なり、練習を積んでから挑まなければならないスポーツであるはずなのだ。

どんなスポーツでも、かならずルールや決まりがある。それを犯せば当然ペナルティが科せられる。登山はスポーツではあるが、審判員あるいはレフェリーがいない。したがってルール違反を判断するのは、登山者自身であり、本人の責任において行動しなければならないスポーツなのである。

昔は学校や職場の山岳部で活動していれば、登山のルール、つまり、こういう場合はどうするとか、こんな場合はなにが必要だとか、先輩は厳しく指導してくれた。だからいまでも山岳救助隊に届く、各学校のワンダーフォーゲル部[*1]や山岳部の合宿計画書などは、きめ細かな行動計画、所持品、役割分担などで埋めつくされている。それはこんな奥多摩の山に登山するだけなのに、しつこいほど細部にわたって記載されているのだ。学生登山のリーダーは、まだ経験は浅いにしろ、登山をする計画の段階で、それだけ真剣に取り組んでいるという表れでもある。それは先輩から後輩へと受け継がれていく伝統であろうし、登山の基本でもある。

秋になるとかならず「奥多摩の山に登ったのだが、夜になっても戻ってこない、遭難したのではないか」、こんな捜索依頼が何件か舞い込む。

秋は日没時間が急に早くなり、昼間の行動時間が短くなる。10月後半の東京の日没は、午後4時40分台である。当然山の中の樹林帯などでは、もっと早く暗くなり、照明具がなければ行動に支障をきたす。

都会の中なら、夜になっても暗くて歩けないなどということはまずない。それが慣れっこになっているから、勉強不足の登山者は平気で山でも都会と同じ行動をする。そして「天気予報は晴れだから雨具はいらない」「日帰りだから照明具はいらない」と短絡的な判断をしてしまうのだ。

登山をするには雨具、照明具、水筒は「三品」などといわれ、軽ハイキングでさえ必需品だ。その照明具であるライトを持っていかずに、「山の中で日が暮れて下山できなくなった」と、山岳救助隊に救助を要請する。三品は忘れても携帯電話はしっかりと持っていく。まったく山をなんだと思っているんだ。

安易な救助要請

2001年10月7日午後8時35分、古里駐在所の山内救助隊員のところに、埼玉県に住むMさんから電話があり、「川苔山に登った息子から、いま携帯電話が入り、赤杭尾根を古里に向かって下山中、日が暮れてしまい、ライトを持っていかなかったため、行動できなくなり立ち往生している。なんとか救助に向かってほしい」という要請であった。Mさんの息子さん（29歳）は、彼女と二人で大丹波から川苔山に登り、古里に下山する予定だったという。

山内隊員がMさんから聞いた息子さんの携帯電話にかけてみると、「いま赤杭尾根で人家の灯りが見えるところにいる」という。山内隊員はそう遠くではないと判断し、「そこを動かないでいるように」と言い置いて、隣の川井駐在所の有馬小隊長に連絡を取り、二人で照明具などを持ち救助に向かった。

古里登山口から赤杭尾根を40分ほど登ったところに二人は待っていた。どこもケガなどはないようだった。二人にヘッドランプを貸し与え、二人を前後から挟み慎重に下った。古里駅に下山したのは午後10時であった。

二人の行動を簡単に聞いたところ、大丹波の清東橋を午前11時に出発（どだいこんな時間に出発すること自体無理な話だ）。獅子口小屋跡を経て、川苔山頂には午後3時15分に到着した（秋山登山では、とうに下山していなければならない時間だ）。午後3時30分、山頂出発。大丹波方面に下山するが、道に迷い川苔山に引き返す（地図を読むことができない）。午後5時45分、再度山頂から古里方向に下山。午後8時15分、行動不能となり父親に救助要請（携帯電話は持っているが、照明具は持っていない）。

こんなものは遭難でもなんでもない。もしこれを遭難というなら、山に登る前から遭難しているということだ。こんな出鱈目《でたらめ》な登山者に、なんで山岳救助隊が出動しなければならないんだ。携帯電話を持っているのなら、「日が暮れて行動できなくなったので、ここでビバークする。夜が明けたら下山するので心配するな」くらいのことを、なぜ親に言えないのだ。彼女と二人で焚き火をしながら、星を数えて夜を明かす。昼ごろから秋の山に登るのなら、そのくらいの実力がなければ登ってはいけないのだ。

いったい何を考えているんだ

10月20日午後6時21分。鷹ノ巣山に登山した男女から、「日が暮れて下山できなくなった」との110番が入った。110番は本人からの携帯電話での通報で、まだ交番に残っていた私が対応した。

携帯電話の番号を聞き取り、その番号に電話を入れてみた。電話に出たのは千葉県に住むS君（25歳）で、今日正午ごろ、峰谷《みねだに》橋に車を置いて、恋人のIさん（23歳）と、奥集落から浅間《せんげん》尾根を鷹ノ巣山に登った。下山は榧ノ木尾根を倉戸山経由で熱海に下る予定であった。午後4時ごろ鷹ノ巣山頂に着き、10分後下山を開始したのだが、倉戸山から峰谷方向に1時間半ほど下ったところで道がわからなくなり、崖の上に出てしまい、もう真っ暗闇で行動不能となってしまったというものだった。もちろんライトなど持っていない。「そこからなにか見えるか」と聞くと、「道路の街路灯が遠くに見える、近くで沢の音が聞こえる」と言う。

鷹ノ巣山は午後から出発して登れる山ではない。この日の短い時期にヘッドランプも持たず、いったい何を考えているんだ。「そこでビバークしていろ、明日夜が明けたら向かう」と言おうと思ったのだが、倉戸山頂から、いくらゆっくり歩いても、1時間も歩けばどのコースを取っても青梅街道に出ることができる。S君らは国道のすぐそばまで下りてきているんだ。それならかわいそうだから、ちょっと行ってやるか。まだ残っていた黒木救助隊長と相談して、小河内地区の若手駐在所員で、小河内駐在所の福田隊員、川野駐在所の下西隊員に連絡し、4人で行くことにした。

倉戸山頂から下りてきて、途中から左の道に入ったというから女《め》ノ湯コースだろうと、鶴の湯源泉のところに行って、山岳救助車のスピーカーの音を大きくしてS君の名前を何度も叫んだ。携帯電話をかけ確認するが、まったく聞こえないという。尾根の陰などで聞こえないのかもしれない、まず登ってみようと女ノ湯コースに入山する。倉戸山はどのコースをたどっても胸を突くような急登ばかりだ。途中トランジスターメガホン（トラメガ）で、S君の名前を連呼しながら登るが、一向に聞こえないと電話で答える。

倉戸山の1000メートル付近までトラメガと携帯電話で連絡を取りながら登り上げたが、呼びかけは確認できないという。下の山岳救助車の赤色灯を点けさせ峰谷橋まで移動させたが、それも見えない。さらに救助車を奥多摩周遊道路まで移動させ、川野駐車場付近まで行ったところ、小さく確認できると電話で答えが返ってきた。地図上で確認したところ女ノ湯コースではなく、坂本園地から登ったところにいるのではないかと判断し、いったん下山することにした。

4人が国道に下山し、川野駐在所まで車を移動させたところ、S君から電話が入り、「パトカーの赤色灯がよく見える」と言う。「どのくらいの遠さで見える」と聞くと「歩いたら30分はかかりそうだ」と言う。やはり坂本園地のコースに間違いなさそうだ。

午後8時30分、坂本園地から再入山。トラメガで呼びかけながら登る。ここも胸突き八丁が続く。しかしS君からやっと反応があった。標高800メートルを過ぎた痩せ尾根で叫んだトラメガの声が聞こえたとの回答があった。下方に向かって左上から聞こえるという。S君にも叫んでもらう。聞こえる聞こえる、「おーい、おーい」という男性と女性の声だ。しかし声は小さい。相当に遠くのようだ。さらに登ると倉戸山の山頂に着いた。

おかしい。少し戻って峰谷方向に派生する尾根を下ってみる。どんどん下って呼びかけると男女の肉声が少しずつ大きくなる。尾根は急になり、下からは沢の音が聞こえてくる。声はその対岸の尾根から聞こえるようだ。再度登り返す。

再び倉戸山直下の尾根に着く。4人ともヘトヘトだ。時計を見たらもう日にちが変わって午前1時30分だ。「ああ、やめた、やめた」。もう倉戸山を3往復くらいしている。こっちがへたばってしまう。尾根上をきれいに整地して、枯れ木を集め焚き火をして夜明かしだ。

S君に電話する。「S君、今日の捜索はもうやめだ。近くでビバークしているから、安心して焚き火でもして、夜が明けるのを待て」「焚き火なんてできません」「焚き火ができなけりゃ、持っているものを全部着込み、恋人同士なんだろ、抱き合っていれば凍死することもない。変わったことがあったら電話くれ」「寒いですよ、凍死大丈夫ですかね。やってみます」。電話は切れた。

気温は下がっても0度くらいだろう。私も小雪の舞う谷川岳一ノ倉沢で、焚く薪がなく男3人が抱き合って夜を明かしたこともある。二人でいれば死ぬことはない。

こちらは薪を大量に集め火を点ける。焚き火はサバイバルの基本なのだが、いまの登山者には焚き火をする能力が低下している。公式には緊急時以外、いかなる山でも焚き火は肯定されていない。

火は小さく起こして大きく育てるのが焚き火のコツだ。大きく燃えだした。付近に相当の注意を払い、このまま夜明かしをしよう。

4人で焚き火のまわりに車座に座ってウトウトする。腹のほうばかりが熱く、背中が寒い。

午前4時に一度携帯電話を入れてみる。しばらく呼んでいたが、やっと出る。「どうだい、生きているか」「大丈夫ですが、寒いですよ」と震えながら話す。「あと2時間もすれば夜が明ける。夜が明けたら我々も行動する。もう少しの我慢だ」「頑張ります」。

白々と山の夜が明けた。焚き火には水をかけ、土をかぶせて消した。

倉戸山頂を少し越えたところから、峰谷側へ派生している支尾根を下る。トラメガでS君の名前を叫びながら携帯電話で連絡を取る。「声は大きく聞こえる。方向は下に向かって左上から聞こえてくる」という。そうすると方向的には下を流れる雨降谷を挟んだ対岸の大きな尾根ということになる。あの尾根は榧ノ木山から峰谷に派生する尾根だ。

「わかった」。彼らは倉戸山ではなく、その上の榧ノ木山から峰谷に下ったのだ。榧ノ木山頂には、いまはほとんど使われていない登山道だが、峰谷方向を示す道標があった。榧ノ木山を倉戸山と間違えて、彼らはその廃道をたどったのだ。それでは昨日の夜、倉戸山をいくら捜しても見つかるはずがない。私はS君に指示した。「君は倉戸山と間違えて、榧ノ木山から峰谷方向に下ったのだ。その道はいまは使われていない。そこから榧ノ木山頂まで引き返し、尾根に出たら右下に下れ。我々もそっちに向かう」。「わかりました」と元気な答えが返ってきた。

私たちも尾根まで登り返し、榧ノ木山に向かった。すっかり葉を落としたクヌギの尾根道を、1時間も登らないうち、上から下りてくる若い男女の姿が見えた。彼らも山岳救助隊の姿を見つけ、はにかんで恐縮しながら「どうもすみませんでした」。我々もホッとしながらも「バカヤロ、俺は怒っているんだ」と心で叫んだ。

二人を伴って熱海方向へ下っていくと、下から心配した黒木、福田、下西の3夫人からの差し入れのおにぎりと、温かい味噌汁を背負って登ってくる前田隊員の姿が見えた。

腹ごしらえをしてゆっくり下り、奥多摩交番着午前10時30分。「奥多摩の山だって、そんな甘いもんじゃあないんだ」。二人には熱い御灸《おきゅう》をすえて帰ってもらった。「あーあ、疲れた。バカヤロ、俺は怒っているんだ」

＊1 **ワンダーフォーゲル** 渡り鳥の意。青年、学生らのグループによる山野徒歩旅行の運動で、20世紀初頭にドイツではじまった。

地獄で仏

無責任な届け出

奥多摩交番には「青梅警察署山岳救助隊」の看板が掲げられていることから、登山者からいろいろな情報が舞い込む。「どこそこの登山道が崩れている」とか、「沢に架かっている橋が流されている」などの登山道情報から、「ツキノワグマを目撃した」「スズメバチの巣があるので危険」などという情報まで。それらはいちいち所管の都や町の関係機関に報告し、速やかに対応処置を取ってもらっているのだが、一番困るのは、下山してきた登山者が「遅い時間なのに、途中で子供を連れて登っていく登山者とすれ違ったが心配だ」などという届け出である。

つい先日も、中年の男性登山者が交番に立ち寄った。「いま、七ツ石山から下りてきたのですが、山頂に男の登山者がうずくまっていました。声をかけたのですが返事をしませんでした」と届け出てきた。私が「どこか悪いようでしたか」と聞くと「わかりません」と言う。「それで山岳救助隊にどうしてほしいのですか」と聞いたところ、「いや、参考までに」と言って立ち去ってしまった。

こういう届け出は困る。救助隊にしたって本人の明確な意思表示がなければ動くこともできない。「こちらは届けた、どうするかはそちらで考えてくれ」と、山岳救助隊にゲタを預けたものだろう。

もちろん七ツ石山頂まで救助には向かわなかったが、その後なんの届け出もなかったから、山頂でうずくまっていた人も下山したものだろう。

昨年（2003年）の秋、こんなこともあった。退庁時間まぎわに、日原駐在所の前田隊員から交番に電話が入り、「いま日原に下りてきた登山者から、『ヨコスズ尾根の上部で長沢背稜を縦走してきたという男性を追い越してきた。杖にすがってヨロヨロと、いまにも倒れそうな格好で下山している。6時55分の最終バスに乗ると言っていたが、間に合わないだろう』という届け出を受けたがどうします」と言う。私は「どこもケガしているわけでもないのだから、最終バスまで待ってみたらいいじゃない」と言うと、前田隊員も「そうしてみます」と電話を切った。

私も心配になって、最終バスまで交番で待機していることにした。

1時間もしないうち、前田隊員から電話があった。「いま、東日原のバス停に行ったら、もうとっくに下山してきていましたよ。元気で問題なし」というものだった。

この手の届け出は、救助隊側の見極めが大切であろう。届け出る登山者は、親切心から届けるのであろうが、「参考まで」では、あまりにも無責任すぎる。そんなに心配だったのなら、なぜ自分が声をかけ、救いの手を差し伸べようとしないのか。救助隊にゲタを預け、なにかあったら「自分は親切に届けてやったのに、救助隊はなにもしなかった」などと言われては、山岳救助隊の立つ瀬がない。救助隊側は、そのときの状況を的確に判断し、適正な対処が必要である。

届ける側も親切心からならば、本当に救助を必要としているのかどうか、本人の意思を具体的に確認し、もっと正確な情報をつかんでから教えてほしい。

届け出が功を奏すことも

2004年の8月は猛暑が続き、上空の大気が不安定な日が多かった。

古里駐在所勤務の山内隊員のところに、午後4時過ぎ、大塚山から下山してきた登山者が立ち寄った。その登山者は「丹三郎に下山する途中、老夫婦を追い越してきたが、雨も降っており相当に参っているようで、歩くこともできない状況でした」と届け出てきた。

山内隊員は、交番にいた私のところに「心配なので、ちょっと登って見てきます」と電話をしてきた。雨も強くなってきたので私も「手が必要ならすぐ向かうから無線で連絡をくれ、気をつけて登るように」と指示した。

山内隊員は、丹三郎登山口までパトカーで行き、合羽を着て登りだした。折から雷雨となっていた。40分ほど登ると、水の流れる急な登山道に、茫然としてたたずむ老夫婦を発見した。二人は合羽も着ずにびしょ濡れ、普段着に黒革短靴という軽装で、歩くことさえもままならずに立ちつくしているという状況であった。

二人は、埼玉県U市に住むSさん（74歳）と、その妻（70歳）で、今日の昼ごろケーブルカーに乗って御岳山に登った。帰りは大塚山を経由し、古里に下りてみようと、ゆっくりと尾根道を歩いてきたのだが、下り坂になると思うように足が運ばなくなった。そのうちに雨が降りだしてきて、道は滑るし雨具はない。戻るにも戻れず、救助を要請しようにも携帯電話も持っていない。山の斜面に両手をついて、ソロソロと這って進むような状態で、二人とも途方に暮れていたという。

山内隊員は、とくに疲れのひどいSさんに肩を貸し、奥さんには持参した杖を貸し与え、励ましながらゆっくりと下った。

約1時間かけて丹三郎まで下りたが、Sさんは昨年6月に脳梗塞を患ったというので、山内隊員は「救急車を呼びますか」とSさんに聞いたが、「大丈夫です、このまま帰れます」と答えた。下山できたことにより安堵感が戻ったようなので、二人をパトカーに乗せ古里駅まで送り、電車で帰宅させたものである。

これなどは山内隊員の的確な判断と、素早い立ち上がりが功を奏したもので、もし山内隊員が駆けつけなかったら、二人が最悪の事態に陥っていたことは疑いもない。

数日後、Sさんから山内隊員あてに礼状と菓子折りが届いた。

礼状には「山内様、此の度は大変お世話になりまして、ありがとうございました。（中略）そのうち雷雨となり、どうなることかと窮地に追い込まれた心境でした。あなた様とお会いしたときは、ほとんど立って歩くことができず、山の斜面に両手をついて這って進んだ状態でした。お迎えに来て下さったときは、何と申しましょうか、これこそ地獄で仏、と言った心地がしました。本当に有難うございました。（後略）」と、したためられてあった。

「地獄で仏」とは、山の中で危機的状況に追い込まれた者が救助隊の姿を見たときのまことの心境であろう。

救助を待っている人がいる限り、我々山岳救助隊員は、雨が降っても、風が吹いても救助に向かわなければならない。それが山岳救助隊員としての誇りでもある。

トレイル・ランニングでの遭難事故

トレ・ラン人口が急増

山を駆け抜ける人たちが現れはじめたのは、1990年代初頭からだろうか。山道を走る＝トレイル・ランニング[*1]で、トレイル・ランナーと呼ばれる人たちが山を走るようになったと思うと、その愛好者が急激に増えてきて、奥多摩の山でも多くのランナーを見かけるようになった。いまでは全国の山域で、多くのイベントやレースが行なわれている。そしてランナー人口の増加にともない、トレイル・ランニングでの遭難事故も多く発生するようになった。

青梅警察署管内だけでも、これまで数団体がレースを主催している。いまではすっかり有名になった「ハセツネCUP」と呼ばれる「日本山岳耐久レース」[*2]は、五日市をスタートして戸倉三山を登り、笹尾根から奥多摩三山（三頭山、御前山、大岳山）を縦走、御岳山、日の出山を経て金比羅《こんぴら》尾根を五日市に下山する71・5キロのコースを

24時間以内に踏破するという過酷なものだ。真夜中も山を走り続けるわけだから当然危険がともなう。死亡事故もあったし、きわどい事故も何件か発生している。

「トレ・ラン中に転落」の一報

２０１０年7月8日、蒸し暑い梅雨の晴れ間である。午後3時06分、消防庁からの転送で「山岳遭難事故発生」の１１０番通報が入った。本仁田山の花折戸《はなおりど》尾根で女性が転落したというものである。転落した女性の同行者からの通報だという。

私は通信指令本部から聞き取った通報者の携帯に電話した。女性が出た。女性はMさん（43歳）と名乗った。

今日、友人と二人で奥多摩にトレイル・ランニングに来て、安寺沢登山口から本仁田山に登った。さらに川苔山まで足を延ばして頂上に立ったあと再び本仁田山まで戻り、ゴンザス尾根から花折戸尾根を鳩ノ巣に下山しようと下っていったところ岩場に出てしまった。同行のTさん（48歳）が下の様子を見てくると言って腰を下ろし、足を揃えて落ち葉を滑っていったところ、斜面が急になり止めることができず、そのまま下に落ちて見えなくなってしまった。Mさんは尾根を少し戻り、傾斜の落ちたあたりから回り込んで岩場の下に降りた。そこには傷だらけになったTさんが倒れていたという。そしていまはTさんのそばにいるとのことであった。

「Tさんは呼吸していますか」。私はMさんに聞いた。「していないようです」と言う。「花折戸尾根の分岐からどのくらい下ったところですか」と聞くと、「20分くらいだと思います」との答えだった。「すぐ向かいますから、心臓マッサージをしていてください。救助隊の声が聞こえたら大声で返事をしてください」と言って電話を切った。

山岳救助隊を招集し、午後3時30分、集まった4人で先発。鳩ノ巣消防団の脇から花折戸尾根に入った。奥多摩消防署の救助隊も登ってきた。ところどころでMさんの名前を呼びながら1時間30分ほどでゴンザス尾根に登り上げたが、Mさんの応答はなかった。分岐からゴンザス尾根を少し下ってみるが、新しい踏み跡は見当たらない。

そこへ、チクマ山より上部を捜している山内小隊長の班から無線が入った「除ヶ沢のほうから小さく声が聞こえる」と言う。私は市川隊員に「行くぞ」と声をかけ、チクマ山方向へ急いだ。市川隊員は、希望して鳩ノ巣駐在所に赴任してきた一番新しい隊員だ。おとなしくて体は小柄だが、馬力がある。マラソン・ランナーでもある。

チクマ山を過ぎて左側の谷、除ヶ沢に向かって「おーい」と呼びかける。小さく女性の声で応答があった。除ヶ沢の右岸のほうだ。このゴンザス尾根の対岸にあたる。4〜5年前も道迷いの救助要請があり、いまと同じような場所から声が聞こえたので除ヶ沢上部から下りていき、岩場で行き詰まっている若い男性遭難者を発見して大休場尾根側に無事救助したことがあった。

私は市川隊員と、除ヶ沢上部から沢に入った。ほかの班は大休場尾根側から入っているらしい。私は以前に下ったことがあるから地形はわかる。沢の下のほうに消防庁のヘリが飛んでいるのが見えた。途中から右岸にトラバースして枝尾根を大きく回り込み、さらに岩尾根を回り込むと、いきなり目の前にヘリコプターが現れた。ホバリングしているから、現場はこの岩尾根の下なのだろうと見当をつけ、少し戻って岩尾根を下から回り込んだ。ヘリから航空隊員がホイストで降下しているのが見えた。

私は市川隊員と上に見えている岩場に急いだ。岩場の下に女性の姿を確認した。私は降下してきた消防庁の航空隊員二人と合流して女性のそばまで登り上げた。女性は通報者のMさんであった。Mさんのそばには傷だらけのTさんが倒れていた。目の前には屏風のような岩場が立ちはだかっている。30メートルはあるだろう。Tさんはこの岩場を転落し、さらに20メートルほど斜面を滑り落ちて止まったのだ。私は消防の航空隊員と協力し、Tさんの小さなザックを体から外した。Tさんの四肢の関節は不自然に曲がり、Tシャツだけの体は冷たくなっていた。

消防庁の航空隊は現場から40メートルほど下で吊り上げるという。Tさんを担架に乗せてセットが終わり、現場から吊り上げ地点まで担架を移動する。航空隊員と市川隊員が担架につき、私がザイルをエイト環で確保しながら降ろした。

ヘリが進入してきてホイストが降ろされた。Tさんの担架はホイストに連結され、航空隊員と一緒にピックアップされる。風圧のなか誘導ロープを下で操作し、担架はヘリの中に収容された。Mさんと残りの航空隊員もピックアップされ、ヘリコプターは青梅市立総合病院に機首を向けて飛び去っていった。

その後、後続班や消防の救助隊と一緒に帰路についたが、みんなバテバテで、安寺沢に下山したのは午後8時20分であった。交番に戻ると勤務員から、遭難者のTさんは午後7時44分に死亡が確認されたとの報告を受けた。残念な結果となってしまった。

山を走ることの落とし穴

トレイル・ランナーは山を走っているのだから、道標や登山道分岐などを見落としやすい。所持品にしても小さなザックには水と最小限の食料だけのようだ。ツェルトはもちろん、雨具や照明具、着替えなどが入っているようには見えない。あれでは緊急時のサバイバルにはとうてい耐えられそうにない。Tさんは名のあるクラブに入り、レースにもたびたび参加し入賞するなど力のあるトレイル・ランナーだったらしい。

二人はどこで迷ったのか、いつか検証しなければと思っていた。

7月11日、東京都レンジャー[*3]の師岡さんと田畑さんが事故現場に行きたいというので、私が同行することにした。安寺沢から大休場尾根を、本仁田山頂から200メートルほど手前のゴンザス尾根分岐点まで登る。そこには道標があって、いま登ってきた安寺沢方向、本仁田山方向、花折戸方向の3方向を示している。ゴンザス尾根の花折戸方向に入ってみる。20メートルほど行くと登山道わかりにくくなる。尾根は真っすぐに続いているが、登山道ではないので尾根を細く短いロープで塞いである。花折戸登山道は左側の急斜面にジグザグについているのだが見落としやすい。私は何度も来ているからわかるが、レンジャーの師岡さんは「私でもロープがなければ尾根通しに行くかもしれない」と言う。ここで迷ったのだろうか。

私はレンジャーの二人といったん別れ、ロープの裏の尾根に踏み込んでいった。広くて歩きやすい尾根だが徐々に急になる。自分でコースを選びながら下降すればそれほど難しくはない。二人がたどったと思われる新しい靴跡も確認できた。ただ登山道らしきものはないのだから、迷ったと感じつつも下っていったのだろう。

約15分下ると尾根の西側が岩場となり、末端が急に切れ落ちている。Tさんはこの西側の岩場を覗こうとして転落したものか。私はトレイル・ランナーの二人がこの尾根に迷い込み、誤って転落したものと確信を得た。5年ほど前の青年も、十数年前に転落し5日後に除ヶ沢に生還した女性も、迷ってこの尾根を下りたのだと納得した。

上では師岡さんと田畑さんが、先ほどのロープの手前に10メートルほどロープを継ぎ足して正面の尾根に入れないように張り、準備してきた「花折戸尾根」の簡易矢羽根を立ち木に取りつけて正規の方向を標示していた。これでとりあえずはこの尾根に迷い込むことはないだろう。

トレイル・ランニングに対する一般登山者の評価はまちまちである。ただ愛好者の数は確実に増えており、競技会の開催も多くなっている。なによりも遭難事故が多くなり、登山者とのトラブルなども発生していると聞く。レース開催や遭難事故、自然保護のことなども含め、これからの登山界の大きな課題といえそうだ。

＊1 **トレイル・ランニング** 陸上競技の中距離競争の一種で、舗装路以外の山野を走るものを指す。トレ・ランなどと略称される。

＊2 **日本山岳耐久レース** 奥多摩の山岳地帯を走るウルトラマラソン。登山家、長谷川恒男を記念して1992年から毎年開催されている。日本では最も古いトレ・ラン競技の大会。

＊3 **東京都レンジャー** 東京都の自然保護員の通称。都レンジャーとも呼ばれる。2004年に地方自治体初のレンジャー制度として発足。多摩地域、小笠原地域に計25人の隊員が配置されている。

その他

無念の病気遭難

観光ガイドが山中で心筋梗塞に

山岳遭難の原因は、道迷い、転落、滑落などとともに、病気が原因で遭難をする人が全国的に増加している。

中高年の登山者が多くなったのだから、当然といえばいえる。登山者の中には持病のある人もいるだろうし、とくに既往症などのない人でも、高齢登山者ともなれば、体力と持久力を必要とする登山では、心肺機能に急激な負荷がかかり、心臓が突然停止するなどということもあるだろう。それを防止するには、日ごろからトレーニングに努め、それに耐え得るだけの体力を維持しておく必要があるのだ。

2004年11月4日、大多摩観光連盟から「新たに観光ガイドを募集したので、奥多摩での山岳遭難事故、およびその防止策などについて講義してもらえないか」との要請があった。

以前も一度やっているので、上司の許可を得て出かけた。

会場は青梅市の合同庁舎で、30人ほどの観光ガイドが集まっていた。新しく入ったガイドはもちろん、古参ガイド、奥多摩観光協会の顔見知りのガイドも混じっていた。すでに現役の仕事は引退したと思われる人がほとんどである。現役時代から趣味として、いろいろな分野で活躍し、「この趣味をこれからの人生に生かしたい」「この喜びを他人にも味わわせてあげたい」とボランティアで参加してきた人たちなのであろう。そんな人生の達人に対し、講義などとはおこがましいが、私は仕事で体験した最近の奥多摩での遭難事故を例に取り、奥多摩の山における陥りやすい危険と、その防止対策について話した。

二日後の実技は、白丸ダム南岸の遊歩道から海沢谷沿いに歩き、海沢三滝を見学し、大楢峠《おおならとうげ》から鳩ノ巣に下山するというコースで実施されることになった。

私は観光のことについては詳しくないが、ベテランガイドが大勢いるので、アドバイザーとして同行することにした。

当日、白丸駅に参加者29名が集合し、全員でストレッチ体操を行なったあと出発した。渓谷沿いの紅葉も終わりに近かったが、ベテランガイドに植物の葉の解説などを聞きながら海沢三滝に向かった。

海沢園地に午前11時10分着。休憩をとっていると、いつも山岳救助を一緒にやっている奥多摩消防署員4名が来て、これから海沢探勝路を大岳山に登ると言って入山していった。

ガイドパーティは、大滝まで行って帰ってから昼食にすることとし、ザックなどの重い荷物を園地に置き、三ツ釜の滝に向かった。ゆっくり1時間もあれば戻ってこれるだろう。三ツ釜の滝ではベテランガイドが、滝名の由来などを新ガイドに説明していた。次のネジレの滝を見て、また戻って左岸の尾根を大きく巻いて、大滝を見下ろせるところに出るのが本来のコースなのだが、ベテランガイドも沢の右岸についている登山道は、まだ通ったことがないと言うので、私が右岸の道を案内することにした。この道は一般には知られていないが、救助隊がよく利用する道である。最初に20メートルほど登れば、緩やかな登りが大滝下まで続き、そう危険なところもなく左岸の道より時間的にも早い。

ネジレの滝下流で、沢を右岸に渉《わた》るところだけが滑りやすく、足元のおぼつかない新人はベテランガイドに手伝わせ、手を取って全員対岸に渉らせた。右岸を10分ほど登ると大滝下に着いた。ドウドウと水を落とす23メートルの立派な滝である。この上にもうひとつ不動の滝という10メートルほどの滝があるのだが、それは登山道から見ることはできない。私は以前、大滝の左斜面を強引に登り、不動の滝を見たことがある。奥まった滝壺に水を落とす静かな滝である。その不動の滝を含めて「海沢四滝」として、２０００年に東京都の名勝に指定されている。

下山にかかる。まず大滝から約50メートルの斜面を左岸の尾根に登り上げ、反対側に下ることになる。私はリーダーと先頭を登った。尾根上は傾斜もなく少し開けたところだ。先に着いて息を整えていると、下のほうが騒がしくなった。

「どうかしたの？」とリーダーが下に声をかけると、だれかが倒れたと叫んでいる。私は咄嗟に下に走った。「落ちたか」と思った。10メートルほど下に人が集まっている。メンバーが急に倒れたのだという。

午後0時20分、私が行ったとき、男性メンバーが登山道に寝ており、白目を剝いて歯を食いしばり、荒い呼吸をしていた。呼びかけても意識はない。倒れたのはYさん（63歳）で、登っている最中、突然屈み込むようにして倒れ、後ろにいた人がこれを支えて寝かせたので、頭は打っていないという。

これは我々だけでは手に負えない。心臓関係の疾患かと思われた。ほかのメンバーは尾根上に登らせ、携帯が通じるなら救急車と救助隊を要請するように指示した。

幸い古参ガイドに消防ボランティアのSさんがおり、堅く食いしばったYさんの口を開け、気道を確保しようとしていた。食いしばった歯がなかなか開かないが、両手で強引に口を開かせ気道を確保した。荒い息を吐くYさんの容態をしばらく観察したが、やがて呼吸は止まった。

私とSさんは心肺蘇生法に移った。心臓マッサージ15回、人工呼吸2回を二人で繰り返す。しばらくすると「うーっ」と言って息を吹き返すが、まもなく止まる。心肺蘇生法を繰り返すうち3回ほど蘇生したが、やがて吹き込む息も「ブルブルッ」とYさんの喉を振るわせるだけとなった。

ヘリで救出したものの……

私は先ほどこのコースを大岳山に登っていった奥多摩消防署の原島救急隊長のことを思い出した。人工呼吸をほかのガイドに代わってもらい尾根に登った。尾根では携帯が通じたらしく、消防庁と連絡を取っている最中だった。私は奥多摩消防署に直接電話をした。交換台が電話に出、消防署ではすでに指令が入っているらしく、出動準備をしているという。私は救急隊長の原島さんが大岳山に登っているはずだから、まだ近くにいるのであれば、すぐ下ってきてくれるように、携帯で連絡を依頼した。交換台は了解して電話を切った。

次に奥多摩交番に電話を入れ、田口救助隊長に連絡を取った。「なに、金さんのグループだったの」と驚いていたが、消防からの転送があり、すでに救助隊を召集しているという。

Yさんの搬送を考えた。バスケット担架に乗せ、人力で降ろせないことはないが時間がかかる。この尾根を登ると沢を渉るところにワサビ田があることを思い出した。ワサビ搬送用のモノレール[*1]があるかもしれない。奥多摩観光ガイドで顔見知りのKさんに、登って見てくるよう頼んだ。

ヘリはどうか。尾根上が開けているので、邪魔な木の枝を少し切れば、ヘリコプターへのピックアップも可能と思われた。

消防からの電話で大岳山に登っている原島救急隊長は、もう山頂付近まで登っており下山するには時間がかかる、下から救急車がすでに向かっているので、そちらのほうがまもなく到着するはずとの連絡があった。

私は現場に戻り、Sさんと交替で人工呼吸、心臓マッサージを続けた。

現場が近いだけに、山岳救助隊の到着も早かった。一番早かったのは午後1時05分、海沢駐在所の渡辺隊員であった。消防と警察の救助隊員が続々到着した。私は消防の宮田課長に尾根の上ならピックアップも可能と思われるので、ヘリを要請してくれるようお願いした。

Yさんは到着した救急隊員の手に委ね、私は尾根に上がった。尾根ではすでに消防の奥平中隊長指揮で、邪魔な木の枝の除去が行なわれていた。Yさんも担架で尾根上に運ばれてきた。

消防庁の大型ヘリコプターの音が聞こえてきた。発煙筒を焚き地上の位置を報せる。ヘリは低空で飛んできて、頭上でホバリングに入った。もの凄い風圧である。飛ばされそうになるガイドのメンバーを尾根末端の広いところに集め、姿勢を低くするように指示した。

航空隊員が下降してきた、Yさんの担架を移し替え、ヘリにOKサインを送ると、Yさんを乗せた担架がゆっくりと上昇していった。

午後1時33分、Yさんを収容したヘリは、青梅市立総合病院に飛び去っていった。みな沈痛な面持ちで下山を開始した。午後1時55分、海沢園地に到着。だれもまだ昼食をとっていなかった。私は大多摩観光連盟のスタッフとリーダーに、もう大楢峠には行かないで、来た道を引き返したほうがいい旨を言うと、リーダーも同意し、観光連盟のスタッフはこれから病院に向かうと言った。私は報告などのため奥多摩交番に戻った。

早い応急処置と、ヘリも使い早めに医師に委ねることができたので、いい結果を待った。しかし夕方、青梅署の刑事課から、Yさんは午後2時08分、医師により死亡が確認された旨の電話があった。急性心筋梗塞とのことである。

奇しくも当日は、Yさん63歳の誕生日であったという。63歳といえばまだお年寄りなどと呼べる歳ではない。山もそんなに厳しい山ではなく、観光ガイドが案内できる程度のハイキングコースである。突然襲った病気遭難だった。

後日、Yさんの葬儀に出席した大多摩観光連盟のスタッフから連絡があった。Yさんは観光ガイドに応募し、あの日初めて出席したひとりであったという。持病などもなく、ガイドになるのを楽しみにしており、家にはガイドになることができたら履いていくと言って買った、真新しい登山靴が飾ってあったという。さぞ無念な死であったことだろう。

＊1 **モノレール** 林業作業用に地表近くに架設され、人および荷物を載せて軌条上を走行する車両。奥多摩では随所に架けられている。

ヒマラヤニストの雷撃死

簡易モノレールで遭難現場へ

今年（２００６年）の春先は、全国で山岳遭難が相次ぎ、マスコミを賑わわした。谷川岳でも八ヶ岳でも北アルプスでも、雪崩《なだれ》や転落、凍死などで多くの死者を出した。例年より残雪が多く、気象の変化が激しかったから、急変する春山の天候に対応ができなかったものだろう。それにしても相変わらず中高年遭難の多いことが痛ましい。

4月25日、奥多摩は朝のうち爽やかな日差しがあったのだが、午前10時過ぎから突如雨が降りだし、稲妻が光り雷雨となった。バケツをひっくり返したと表現するような大雨である。傾斜のある奥多摩交番前の道路を、雨水が川のようになって流れた。しかしそれも長くは続かず、30分もすると雨はやんだ。寒冷前線が通過してしまったのだろう。

午前10時40分ごろ、山スキーガイドの雨宮節《たかし》さんから、山岳救助隊本部の奥多摩交番にいた私のところに電話が入った。雨宮さんはヒマラヤ黄金時代といわれた初登頂争いが終わって、より困難な尾根や壁から頂上にアタックするヒマラヤ鉄の時代になって活躍した登山家である。バリエーションルートから、マナスル、ダウラギリ主峰、サウスピラー、アンナプルナなどに「イエティ同人」隊長として挑み、「山学同志会」の故小西政継さんなどとヒマラヤ鉄の時代に足跡を残した。そして還暦を過ぎてもチョ・オユー、エベレストなどの8000メートル峰に挑戦し続けている。

私とは、雨宮さんが「山幸」という登山用品の店をやっていた二十数年前から、親しくお付き合いさせてもらっている。

その雨宮さんから突然の電話は遭難事故の連絡であった。「いま、雲稜会のKが、本仁田山で雷にやられた。こちらからも向かうが山岳救助隊にすぐ出動してもらいたい」というものだった。場所は安寺沢から登る大休場尾根で、1時間ほど登ったところだという。雨宮さんと電話で話しているときに、通信指令本部からも山岳事故発生の指令が入った。私は雨宮さんに「いまからすぐに出動します」と言って電話を切り、山岳救助隊の召集をかけた。

私も雲稜会のKさん(66歳)とは5年ほど前、「東京雲稜会」創立50周年記念パーティでお会いしたことがある。

通信指令本部から聞き取った通報者の携帯電話番号をプッシュした。男性が電話に出た。様子を聞いたところ、通報者は遭難者の同行者ではなく、たまたま近くにいた男性登山者であった。私が「雷に何人やられてます」と聞いたところ「男性と女性の二人が倒れています」と言う。「意識はありますか」と聞くと「男性は呼吸していませんが、女性は足をやられているだけで意識はあります」と言う。私が「心臓マッサージはできますか」と通報者に聞くと、「できません」と言った。私は「すぐ向かいますから人工呼吸を続けていてください」と言って電話を切った。

私は山支度をしながら、今日は週休で近くの白砂橋岩場でフリークライミングをやっている渡辺隊員と佐藤隊員に電話をかけ、すぐ遭難現場に向かうよう指示した。

本仁田山はどこから登っても急な山だ。北側の大ダワ周辺は、増えすぎたシカの食害が進み、山肌が砂漠化する現象が激しいため、町は安寺沢から大ダワまで、荷物および人員搬送用のモノレールを架け、シカ被害防護に乗り出した。

そのモノレール運転者講習会が今日、安寺沢で行なわれており、山岳救助隊員の猪俣小隊長なども参加しているはずである。そのモノレールが使えれば遭難者の搬送は容易だ。

午前11時05分、私は集まった者だけで出発した。安寺沢には消防の救助隊が先着していた。モノレールは2台あるが1台に5名しか乗れない。スピードも人が歩く速さか、むしろ遅いくらいだ。ただ使用したのとしないのとでは到着してからの体力消耗度が違う。

「よし行くぞ」。私は佐藤隊員に運転させ、モノレールの先頭車両に乗り込んだ。消防の救助隊も乗り、乗れなかった者は徒歩で大休場尾根を登りはじめた。

途中体が冷えてきたと思ったら、山肌のところどころに白く見えるのは大豆ほどの雹《ひょう》が残っているものであった。下は大雨であったが、このあたりでは激しい降雹があったものだろう。上空はガスッており、ヘリは無理だろうから、このモノレールで降ろすことになるだろう。

約30分ほど登り、モノレールが尾根に最も近づいたあたりで見当をつけて私はモノレールから飛び降り、尾根に這い上がった。「おおーい」と声をかけると、尾根の下のほうから「おおーい」「おおーい」と何人かの応答があった。

現場より少し登りすぎたらしい。モノレールを止めさせ、私は大休場尾根に登り上げ、登山道を少し下った。徒歩部隊が早く着いたらしい。100メートルほど下ると野村隊員の姿が見えた。「現場はそこか」と声をかけると、「ここが現場です」との答えが返ってきた。

死因は「雷撃死」

現場には被雷したKさんがシートをかけて横たえられ、消防の救助隊員が心臓マッサージを施していた。「どんな具合だ」と聞くと「心肺停止状態です」と言う。そばにうずくまって震えている女性がいる。同行者のTさん（52歳）であった。Tさんは足が痛いと言っているが、意識はしっかりしているという。近くにいた隊員に保温しておくように言って、一刻も早く降ろす算段を考える。

大勢の後続隊員も到着した。渡辺隊員が「登山道を50メートルほど下ったところのすぐ下にモノレールの線路が通っている」と言う。私も確認に下ってみた。ここまで降ろせばモノレールに乗せることは容易だ。ここまで降ろそうと再度現場に戻ると、消防のヘリが立川の航空隊基地を飛び立ち、いまこちらに向かっているという。

ヘリのほうが早い。ここの尾根上は立ち木は多いが大木はない。吊り上げるに邪魔な木を何本か切れば、ここからヘリにピックアップ可能だろう。みんなで吊り上げ場所の整備に取りかかる。10分もしないうちヘリの爆音が聞こえてきた。発煙筒を焚き場所を報せる。

ヘリは真上でホバリングし、担架を持った航空隊員が降下してきた。まず重傷のKさんを担架に移し替え、大型ヘリの風圧のなか、下で誘導ロープを操作し、午後0時

35分、Kさんをピックアップし立川の災害医療センターに搬送した。そして30分ほどしてから再びヘリが飛来、同行者のTさんもピックアップされ、同じ病院に搬送された。

ヘリを使った、最も安全で素早い救出ができた。あとはKさんがなんとか蘇生してくれることを祈るばかりだ。

遅れて本署の刑事課員が登ってきて、実況見分が行なわれた。大体場尾根は、氷川から本仁田山に直接突き上げる急な尾根である。現場は標高920メートル付近で、ところどころに岩が露出した場所もある。巨樹といわれるほどの大きな木はないが、尾根の右斜面はスギの植林帯であり、左斜面および尾根上はコナラなどの雑木が覆っている。

現場付近の樹木には焦げた跡や引き裂かれた跡などがないことから、人体に直接落雷したものと思われた。しかしKさんが着ていた衣服にも、被雷した写真などで見るような、衣服が焼け焦げた跡やボロボロに破れた跡なども見当たらなかった。

見分が終わって、午後2時50分安寺沢に全員下山した。

奥多摩交番に本署の刑事課から連絡が入り、病院に運ばれたKさんは医師により午後2時20分、死亡確認がなされ、死因は「雷撃死」だという。一緒にいたTさんも、側撃により火傷《やけど》を負ったが命には別状がなく、1週間ほどの入院となったという。

午後3時を過ぎて、奥多摩交番に雨宮さんが、東京雲稜会の代表も務めた穂苅さんとKさんの奥さんを伴って到着した。残念ながらKさんが亡くなられたことを報告すると、3人は一様に肩を落としたが、Kさんの奥さんは丁重に救助活動に対する礼を述べられた。私は遭難現場に到着したときのKさんの状況、ヘリにピックアップし二人とも立川の災害医療センターに運んだこと、医師によりKさんの死亡確認がなされたことなどを3人に説明した。

Kさんの奥さんにとって、突然の夫の死は衝撃以外のなにものでもないはずなのに、取り乱すこともなく、携帯電話で知人に連絡を取っていた。登山家の妻であれば「いつかはこのようなこともあるかもしれない」という覚悟があったものだろうか。

犠牲者はベテランクライマーだった

私が奥多摩に来て、落雷による遭難事故は初めてである。以前に長沢背稜の樹林帯で事故があったと聞いたことはある。落雷事故は、北アルプスなどの岩山ばかりではなく、雷雲が発生すればどこでもその危険があるということだ。

この雷は、寒冷前線の通過にともなって発生する界雷と呼ばれるものであろう。上空に寒気が入って、大気の状態が不安定になったために積乱雲が発達し、雲の中では激しい上昇気流が起こり電気が発生、そして降雹、落雷となったものと思われる。

当日、天気予報では「関東地方を寒冷前線が通過するから、各地で雷をともなった強い雨が降る」と報じていた。事実西多摩地区一帯で強い雷雨があり、八王子などでは直径5ミリほどの雹が叩きつけるように降り、見ごろを迎えたサツキなどが、うっすら、白く化粧したという。

Kさんは、最初の一発でやられたという。雨が降りだしたので同行者のTさんが荷物を下ろして合羽を用意していたとき、そばに立っていたKさんに落ちたという。そして間近にいたTさんも側撃を受けて倒れた。

人間の体は、60から70パーセントは電気を通しやすい水分で出来ている。尾根上には樹木もあったのだが、立っていたKさん自らが避雷針の役割をしてしまったものだろう。

亡くなったKさんは、伝統ある東京雲稜会の卓越したクライマーであった。1966年には都岳連隊の一員として、マナスルの頂上にも立った。また雨宮さんたちとダウラギリ主峰にバリエーションルートから挑戦したり、還暦を過ぎてからもチョモランマ（エベレスト）に挑戦するなど、常に前向きに山に情熱をかけてきた登山家であった。

この遭難のすぐあとに発刊された登山誌『G山想』に、Kさんの「中高年のチョモランマ挑戦記」が載っていた。その一文は「遠征というものは同年代で気心の知れたメンバーで行かなければ楽しくはないし、中高年にとっては登山そのものが無理だということがよく分かった。（中略）中高年には、それに合ったタクティクスを組むことが不可欠であると思った。そんな遠征隊があれば是非もう一度挑戦したいものである」と結ばれていた。

そんなKさんは軟弱者を拒否し続けるヒマラヤではなく、「心のふるさと」のような奥多摩に逝ってしまった。

―合掌―

奥多摩のクマ

奥多摩のツキノワグマ

1999年4月14日、カタクリを見に御前山に登った女性登山者から、「体験の森付近でツキノワグマを目撃した」との情報が山岳救助隊に寄せられた。奥多摩の山地には50頭前後のツキノワグマが棲息すると専門家はみている。奥多摩のクマは普通12月ごろから4月ごろまで冬眠すると言われているが、今年も2月に川苔山で親子連れのクマが、登山中の高校生によって目撃されているから、冬眠しない個体もいるのかもしれない。これも暖冬のせいか、それとも冬眠前にドングリなどの餌が少なく、十分な体脂肪を蓄えることができなかったからだろうか。

ツキノワグマは食肉類というグループに分類されるため、一般の人は猛獣というイメージをもち、実際よりも大きな動物として想像しているようだが、北海道に棲息するヒグマなどに比べるとずっと小型で、体重は平均的なオスで約70キロ、メスで約40

キロくらい。体長は110〜170センチ程度で、ちょうど人間の大人ぐらいなものだ。食べ物は雑食性で、春はフキ、タケノコなどの山菜、冬眠前の秋にはドングリ類など大量の植物質を食べる。動物質としては夏期にハチやアリ、虫の幼虫などを食べる程度のものだ。

1997年7月から8月にかけての約1カ月間に、奥多摩町峰谷の牧場で7頭のヒツジがツキノワグマに捕食されるという事故が起こった。登山道脇の牧場ということもあり、血や肉の味を覚えてしまったクマに対し、地域住民や登山者等への人的危険性も考慮に入れ、奥多摩町では、都の許可をもらいその個体を駆除した。

ツキノワグマによる人的被害

境集落に住むHさん（60歳）の自宅は、徒歩で約30分ほど登った山の中腹にある。ハンノキ尾根の末端にあたり、標高680メートルのところだ。荷物を運び上げるモノレールを架け、登り降りするHさんの姿は何度かテレビでも放映された。

6月27日午後6時30分ごろ、Hさんが徒歩で山道を登っていた。日脚は延び、まだ付近は明るかった。まもなく自宅にたどり着くというとき、右上の土手の藪の中で獣のうなり声がした。Hさんが振り向くと、いきなり1頭のツキノワグマが飛び降りてきてHさんに襲いかかり、前足でHさんの顔面を殴った。Hさんはその場に倒れたが、クマは反転して元の藪の中に消えた。その後すぐ藪の中から子グマの鳴き声が聞こえたという。Hさんの顔面からは鮮血がほとばしり、やっとのことで自宅までたどり着いた。気丈にも自らが119番し、駆けつけた救急隊の手で奥多摩病院に運ばれた。Hさんは顔面左こめかみが3筋にわたり引き裂かれており、50数針も縫う1カ月の重傷を負った。幸い目までは達しておらず無事であった。

同じ年の8月2日、男性登山者Mさん（32歳）は、六ツ石山を目指し一人で石尾根を登っていた。午前10時45分ごろ、六ツ石山山頂付近で、30メートルほど離れた山の斜面を登っていく親子連れのツキノワグマと遭遇した。Mさんは立ち止まったが、親グマがMさんに気づいて振り返ったとき、Mさんと親グマの目が合ってしまった。親グマは反転し、Mさんのほうに向かって猛烈なスピードで駆け降りてきた。Mさんは登山道を必死に走って逃げた。しかしすぐに追いつかれ、Mさんが振り向いた瞬間、クマの前足がMさんの顔面を襲った。Mさんと親グマは、もつれ合ったまま4～5メートル斜面を転げ落ちた。親グマはすぐMさんのもとを離れ子グマのいるほうに駆け登っていき、そのまま子グマとともにブッシュの中に立ち去った。

Mさんは自力で下山し奥多摩病院で手当てを受けた。右顔面に全治10日間の割創を負った。病院の帰りMさんは奥多摩交番に顔を出し、状況を説明したのだが、「私は自然保護に興味を持っているので、恐かったがいい体験をした」と、むしろ喜んで帰っていった。我々から考えれば奇特な人である。

いずれも1995年の事故である。それからも何件かの人身被害は発生しているが、人が死に至ったものはない。

クマとの遭遇を想定することが大切

もともとツキノワグマは警戒心が強く用心深い動物である。また視力はあまりよくないが、鼻と耳の感覚が優れていて、嗅覚と聴覚に頼って生活している。だから人間がクマの存在に気づく前にクマのほうが先に察知し、自分からその場を離れていくケースがほとんどである。クマ避けの鈴やラジオなどを携帯して、常にクマに対して自分の存在をアピールすることが大切だ。

その点、いま山で一番張り切っているおばさんパーティは安全だ。「ワイワイ、ガヤガヤ」。クマは遠くで察知して逃げていくこと請合いだ。

私は二度クマに遭遇している。一度は、私が尾根道を歩いていると、沢を挟んだ対岸の斜面を親子連れのツキノワグマが登っていくところだった。私に気づいた2頭は、転げそうになりながら、一目散に急斜面を登っていく。離れているのだから、なにもそんなにあわてなくてもよさそうなものだが、クマは人間が恐いのだ。

二度目は、キノコを採りに山梨県の一ノ瀬に行ったときだ。林道を自動車で走行しているとき、突然クマと出喰わした。切り通しの林道で避ける場がない。しかたがないので、逃げるクマの側方《そくほう》を自動車で追い越した。クマは反転し、後方に走り去ったのをバックミラーで確認できた。

登山者が一番知りたいことは、「注意しているにもかかわらず、クマと出喰わしてしまったらどうするか」ということだろう。そのときの状況でケース・バイ・ケースだろうが、ここに専門家の書いたものがあるので、かいつまんで紹介しておこう。

クマに出会ってしまったら

落ち着いて状況をよく判断しましょう。距離はどうですか。クマはあなたに気がついていますか。子グマはいますか?

もしクマとあなたとのあいだに十分な距離があり、クマも気がついていないときは、すぐにその場から離れましょう。あるいはクマが自分の進行方向とは異なる方向へ移動中の場合は、静かにやり過ごしてもよいかもしれません。

出会い頭にクマと出会ってしまったら、クマはすぐに攻撃してくるかもしれません。しかし多くの場合、人間を攻撃せず逃げていくようです。もしクマが立ち止まっていたら、あわてて後ろを向いて逃げ出したりせずに、クマに向き合ったままゆっくり後退していくのが有効なようです。決して急激な動作をしてはいけません。

クマが攻撃してきたら

腹這いになってクマの攻撃をやり過ごす方法もあります。この場合、両手を首筋の後ろでがっしりと組み、またその両ひじで顔面側部を保護します。こうして体の急所をできる限りカバーして、最初の一撃を耐えます。ツキノワグマの攻撃は、ほとんどの例では最初の一撃あるいは数撃で終わり、そのあと人間から逃げていくようです。また逆の方法ですが、鉈《なた》やナイフを携帯していれば、あくまでクマを撃退する意思を示すことも、場合によっては有効という報告もあります。

いずれにせよ実際クマの住んでいるところに我々が登山するのだから、なんかの拍子にクマに出喰わす可能性もあるはずだ。「そのとき自分はどうするか」と、イメージしながら山に登ることも大切なことだ。

登山者と酒

行動中の飲酒は禁物

山に登る人は男女を問わず一様に酒が好きなようだ。シーズン中の奥多摩は土曜日、日曜日の夕方ともなると、どの飲み屋さんも下山してきた登山客でいっぱいだ。

登山者にも行きつけの飲み屋さんがあるらしく、餃子屋、焼鳥屋、蕎麦屋、スナックなどで打ち上げ、下山祝いを派手にぶち上げる。ほとんどが中高年者であることは言うまでもない。

山に登る前から、これを楽しみにしている人もいる。疲れた体にアルコールが入ることによって一日の行動の喜びが倍加する。

ご多分にもれず我が警視庁山岳会も酒好きが多い。月1回の集会が終われば、みんなで居酒屋へ直行する。そしてああでもない、こうでもないと、山の議論を戦わせるのだ。また、年に2回行なう合宿なども、酒がなければはじまらない。ザイルの重さは感じるが、酒の重さは感じない者もいる。4リットルの焼酎を平気でベースキャンプまで担ぎ上げる。そして一日の岩登り、また雪山の縦走などで疲れた体をアルコールによって内側から温め、狭いテントの中で岳友と快い疲労感に酔うのだ。酒は一日の疲れをとり、快適な睡眠を約束してくれる。ただ飲みすぎなければの話だが……。

もちろん行動中の飲酒は厳禁だ。酒が人体に与える影響について、学問的なことは知らないが、酒を飲んで車を運転して交通事故を起こすドライバーをいやというほど見ているし、酒気を帯びて車を運転すれば警察官に捕まり処分されるのだから、危険がともなう山において、酒を飲んで行動していいはずはない。アルコールは神経をマヒさせ、注意力も散漫になる。また心臓にも影響し、鼓動が早くなりすぐ息が上がる。事故に直結する状態になることは確かだ。全国的にみてもアルコールの入った状態で事故を起こしたという報告も多い。

たまに奥多摩の山でも、山頂において乾杯している光景を見受けることがある。行動中の飲酒は厳に慎み、下山してから思いっきり飲んでほしいものだ。

土曜日、日曜日の朝、登山者で満員に膨れ上がったバスを、私は山岳救助隊のある奥多摩交番の中から見送る。みんな事故なく下山してくれることを祈りながら。

そして夕方再び満員で帰ってくるバスを見るとホッとした気持ちになる。事故の連絡が入るのは夕方が最も多いからだ。

氷川まで歩いてくる登山者もいる。重い登山靴を引きずり、疲れ切って下りてきた登山者が交番前のスーパーの自動販売機にコインを入れて「ゴトゴトン！」と大きな缶ビールを出し、うまそうに飲んでいる姿がよく見受けられる。「ご苦労さん」と思わず声をかけたくなる。

山頂直下で酩酊

1998年8月11日、午前10時59分「酔っ払いの寝込み」と110番が入った。奥多摩交番で待機していた私と平山救助隊長がパトカーで現場に向かった。「真昼間から酔っ払いとはどういうことだ」と、日原川の大沢マス釣場近くの公衆電話のところに急行した。そこには登山姿の訴出人であるSさんが待っていた。

車から降りて事情を聞くと、Sさんは今朝早く、鳩ノ巣から川苔山に登山した。山頂で少し休み、ウスバ尾根を百尋ノ滝方向に下山を開始した。午前9時30分ごろ、山頂から200メートルほど下った尾根上の、登山道から少し外れた北側の斜面に、男性登山者が仰向けに寝ており、大きないびきをかいていた。いくら呼んでも返事はなく、強い酒の臭気がしたという。ちょっと不審であったためSさんは急いで下山し公衆電話で110番したというものであった。

「これは単なる酔っ払いの寝込みなどではない。遭難事故だぞ」と判断し、110番に概要を説明して山岳救助隊が出動する旨を連絡した。私と平山救助隊長はいったん奥多摩交番に引き返し、山岳救助隊を召集した。

とりあえず私と平山救助隊長は先発隊として塩地谷から入山することとした。山岳救助車に資材を積み込み、川乗林道を終点まで飛ばした。塩地谷出合に車を停めて、丸山を回り込み、仕事道を走るように登って、曲ヶ谷北峰に出た。119番にも転送されたとみえて、消防庁のヘリコプターが出て、川苔山頂付近を旋回している。私たちは川苔山頂に急いだ。

山頂ではちょうど昼食時なので大勢の登山者が弁当を開いていた。ウスバ尾根は川苔山頂から西側に急激に落ち込む尾根だ。尾根は防火帯として広く刈り込んでいる。急なつづら折りの登山道を飛ぶように下る。傾斜は徐々に落ち、両側は鬱蒼とした広葉樹林帯となる。消防のヘリは尾根の真上でホバリングし、航空隊員がホイストで下降するのが見えた。

現場に着くと、尾根上の少し平らな登山道にビニールシートが敷いてあり、そこから3メートルほど下の北側斜面に遭難者は転げ落ち、仰向けに横たわっている。すでに消防の航空隊員2名も到着して遭難者を覗き込んでいた。

遭難者は大きないびきをかき、いくら大声で呼んでも、体を揺すっても反応がない。平山救助隊長は無線で警視庁に報告を入れ、私と消防隊員とで遭難者を担架に乗せた。まわりの木の丈が高いため、この現場からはヘリに吊り上げることはできない。10 0メートルほど下の尾根上が木々も切り開けている。担架をそこまで運ぶことにした。少ない人数で足場の悪い山道を担架搬送することは容易ではない。大汗をかきながら搬送を終えると、ホバリングしているヘリからホイストが下降してきた。担架をホイストに着装すると、もの凄い風圧のなか、担架は吊り上げられヘリの中に収容された。2名の消防航空隊員もそれぞれホイストで吊り上げられて中に消えると、ヘリは大きく旋回し川苔山から飛び去っていった。

しばらくすると、百尋ノ滝から横ヶ谷沿いに登ってきた後発の山岳救助隊員が続々と到着したが、遭難者をヘリで搬送してしまったあとであった。とりあえず現場まで戻り、遭難者の荷物を確認するとザックの中に健康保険証が入っており、遭難者は神奈川県K市居住の会社員Kさん（57歳）らしいことがわかった。登山道に敷いたシートのそばには、空になった焼酎2合瓶、缶酎ハイの空き缶5個が転がっていた。また2メートルほど下の斜面には嘔吐《おうと》したと思われる吐瀉物《としゃぶつ》があった。

川苔山の風流使者

なぜKさんはこんな山頂直下でゲロを吐くまで酒を飲んだのだろう。酩酊して、下山時のことは考えなかったのだろうか。

あたりはコナラ、カラマツなどの木々に囲まれ、夏の日差しは届かない。サワサワと風が鳴って下界と違う別天地である。そこにシートを敷き、ひとり酒を飲みながら風雅の境地に浸ったのだろうか。

「幾山河越えさり行かば寂しさの」とか「分け入っても分け入っても青い山」などと、牧水の歌や山頭火の句を吟じていたのかもしれない。

明治期、日本山岳会を創立し、初代会長となった近代登山の草分け小島烏水《うすい》の著書に『山の風流使者』がある。その中に烏水は書いている。「そもそも風流とは何ぞ。極意を問わば、身も心も挙げて、自然に放下するのいわれに非ずや」、また「風流の道は古来多く旅を以て貫かるるものと為《な》すが如《ごと》し。小なる人間より、大なる自然に、回帰することに依って測り知る可《べか》らざる幸福を見出す」と。

Kさんも単なる酔っ払いではなく、川苔山の風流使者であったと信じたい。ただ、ちょっと酒の量が過ぎて気持ちが悪くなり、道から外れたところにゲロを吐こうと屈んだとき、傾斜のため足がもつれて前のめりに3メートルほど落ちたのだろう。頭から落ちたため、その拍子に頭がプッツンしたのではないだろうか。

その後Kさんは回復したものだろうか。私も病院には電話していないし、Kさんや家族からの連絡もないのでその後の安否はわからない。なんとか元気になってほしいものである。そしてこんどは酒など持たずに山に入り、大いに風雅を堪能してほしいものである。

脱法ドラッグがもたらした惨事

奇妙な救助依頼

２０１０年10月13日午前10時ごろ、山岳救助隊員でもある日原駐在所の前田小隊長から奥多摩交番の山岳救助隊本部に連絡が入った。「いま若い男性が駐在所に来て、山の中で仲間４人がいなくなったと救助を求めている」という。私はちょうど在所していたし、高田副隊長、橋本小隊長も交番にいた。近くの隊員に招集をかけ、山岳救助車で日原駐在所に急行した。

駐在所内で前田小隊長が男性から詳しい事情を聴取していた。男性はY君（20歳）で、10月12日真夜中の午前0時過ぎに都内のバンド仲間の男性5人で車1台に乗車し、日原の小川谷林道終点まで入った。車からキャンプ用具を下ろして焚き火をし、全員ビールで乾杯をした。その際、植物の実を擂《す》り鉢で擂り潰し、酒に入れて飲んだ。Y君はそれからの記憶がまったくなく、目を覚ましたら沢のそばに一人で上半身裸、トランクス姿で寝ており、近くにはだれもいなかったという。今日は13日だから30時間以上も寝ていたことになる。

Y君は藪の中を林道まで上がって車に戻ったが、そこには自分たちが食い散らかした跡があるだけで、だれもいなかった。大声で仲間を呼んでみたがなんの応答もなく、Y君は徒歩で日原まで下りてきて集落の民家で衣服をもらい、駐在所に救助要請に来たのだという。

意識がなくなってから丸一日半経つのに、まだY君の言動がおかしい。「なにか薬でもやっているんじゃないか」と言うと「何を疑っているんですか」と突っかかってくる。「4人もいなくなってるんだろ、本当のこと言わなきゃわからないだろう」と一喝し、とにかくY君を同道して現場に行くことにした。

そこには酒と植物の実が散乱していた

集まった救助隊員9人とY君は、山岳救助車とパトカーに分乗して小川谷林道を登っていった。突然Y君が「車を停めてください。川の中にノアが沈んでいます」と言う。車を停めてみんなで外に出る。「ほら、あそこにトヨタのノアが見えるじゃないですか」。みんなで小川谷を覗き込んだが車などない。「まだ幻覚を見ているのか。しっかりしろ」とまた一喝。

砂利道の林道を約8キロ、カーブを曲がったところに黒いトヨタ・ノアがドアを開けたまま停まっていた。その少し先、林道終点の手前に焚き火の跡があり、飲みかけのコップや酒などが散乱していたが、だれも見当たらない。林道の下は草木の生い茂った崖になっており、みんなで手分けして大声を出しながら付近を捜し回ったが、なんら応答はなかった。

車の外に擂り鉢と、見たこともない木の実がいくつか転がっていた。Y君に「これを擂って酒に入れて飲んだのか」と聞くと、「そうです」と言う。

「どこで採ってきたんだ」「この近くの山で採りました」「いい加減なこと言うな。こっちは20年もこのあたりの山を駆けずり回っているんだ。こんな実はいま初めて見たぞ。正直に言うんだよ」「すいません、家の近くの公園で採ってきました」

怪しいもんだが、それ以上そこでは追及しなかった。

午後からは警察犬も頼んで捜索すべく、とりあえず支度を整えて出直そうと林道を下に向かって歩いていると、林道をフラフラ登ってくる男がいた。坊主刈りの頭はリーダーのH君（35歳）と思われた。「H君か」と声をかけると「はいHです。どうなっているんですか」と聞いてきた。「どうなっているのか聞きたいのはこっちなんだよ」と言ってこれまでの事情を尋ねるが、H君も12日深夜以降の記憶がまったくなく、幻覚を見続けていた。今朝になって気がつくと沢のそばに一人で寝ており、山の中を7時間くらいさまよい、やっと林道に出たのでここまで登ってきたという。「みんなは無事ですか」と言うので、「何人でここに来たんだ」と聞くと「5人です」と答えた。人数は間違いないようだ。「いま確認できているのはY君と君の二人だけだ。あとの人は午後から本格的に捜す」と言って二人を車に乗せ下山した。

Y君とH君の二人を刑事課に引き継ぎ、午後になって残り3人の捜索を実施した。警察犬も投入し、キャンプ地を中心に沢筋、尾根筋を20人ほどで夕方まで捜したが、ほかの者の発見には至らなかった。

恐るべき幻覚作用

10月14日、早朝から車に乗って捜しに入った遭難者らの仲間が、午前8時40分ごろ大栗尾根下あたりの林道を歩いていたS君（32歳）を発見し保護した。S君も記憶が戻ったときは沢の近くに倒れており、幻覚を見ていたという。何を聞いても要領を得ない状況であった。

残るはあと二人。山岳救助隊は5個班に分かれ、小川谷本流や犬麦谷《いぬむぎ》、林道より上段についている仕事道などに入り広範囲に捜索した。私は前田小隊長とカロー谷出合から中段道に入山した。ハンギョウ尾根を大きく回り込み滝上谷を越え、大栗尾根を末端まで下り林道に降りたが、なんの手掛かりもなかった。夕方、ほかの班も下山してきたが同じ結果だった。

林道を下っていくと、朝に保護されたS君も仲間と一緒にいたので、ほかの二人と会わなかったかと聞いた。「Nと沢のあたりで会いましたが、いつの間にかまた一人になっていました。Nは会えばすぐわかります、額にバカと書いてありますから」。真面目な顔で言っているのだから、これはダメだ。飲んで3日にもなるのに恐るべき植物の実である。

10月15日朝から3個班に分かれ沢筋と山中の捜索に入る。残る二人も生きていることを信じ、広範囲な捜索となる。林道は小川谷の左岸についており、上部で右から犬麦谷が注ぎ込む。犬麦谷は沢登りに人気のある沢なのだが、林道が最上部の終点近くで再度犬麦谷を横切る。そのため犬麦谷下部の渓相は荒れ、沢登りの登山者も林道上部から入渓する人が多くなった。その犬麦谷下部を捜索していた班が、夕方になって汚れたズボンを1本見つけた。近くを丁寧に捜したがほかには見つからなかった。また対岸の山中に入った班は、ウエストバッグと連動靴を発見し下山してきた。これらを総合すると、やはりキャンプ地から下の犬麦谷を中心とする斜面にいる可能性が高い。明日はそのあたりに焦点を絞り捜索を実施することにした。

残る二人も発見、一人は死亡

10月16日、午前中に別件の救助活動があり少人数しか出せなかったが、午後から本格的な捜索となった。絞り込んだ犬麦谷下部を3個班に分かれ、150メートルほど間隔を開けて林道下の急斜面をしらみつぶしに捜していった。

午後3時10分ごろ、犬麦谷に注ぐ浅いルンゼ下でうつ伏せに倒れ、すでに死亡している男性を第3班が発見した。さらに、発見の報を無線で傍受し第3班方向に向かっていた第1班が、下の犬麦谷方向から「助けてくれー」という声を聞いた。急いで沢まで降りたところ、頭部から血を流し擦過傷《さっかしょう》だらけの男性が助けを求めていた。名前を問うと「Kです」と答えた。K君（23歳）は衰弱しているものの意識ははっきりしており会話もできたので、12日以後のことを尋ねたが、ほかの者と同様に意識がなくなり、幻覚を見ていたという。

この犬麦谷沿いは何度も通過して捜したはずなのに、どうして発見できなかったのだろう。意識も朦朧《もうろう》として方々を歩き回っていたのだろうか。そうするとこの50メートルほど上流で亡くなっている男性はN君（32歳）ということとなる。死亡したN君も沢の近くまで滑落しており、ズボン、靴はなく、長袖シャツにトランクス、靴下だけだった。体中に擦過傷が見てとれた。

警視庁と消防庁のヘリを要請するとともに邪魔な立ち木を少し切り、吊り上げポイントの整備をした。最初に飛来した消防庁のヘリに信号弾を打ち上げて場所を報せ、ホイストで降下してきた救急救命士がK君に応急処置を施したあと、N君の死亡確認が行なわれた。K君は担架に収容され、午後3時50分にピックアップされ、青梅市立総合病院に搬送された。N君の遺体はバスケット担架に乗せられ、続いて進入してきた警視庁航空隊のヘリで搬送されて、4日間にわたったすべての捜索、救助活動は終了した。

まったく意識のないまま滝の多い沢の中や道のない山中を何日もさまよっていたのだから、転落などで全員が死亡していても不思議でない事案である。残念ながら死亡者を一人出してしまったが、4人救助できたことは幸運としか言いようがない。

後日、薬物などを担当する青梅警察署の保安係から山岳救助隊に連絡があり、あの植物の実は脱法ハーブなどと同様、いまの法律では取り締まることができないとのことであった。こんな即効性のある、それも長時間にわたり効き続ける危険極まりない植物の実が身近に手に入り、それが法律に触れない脱法ドラッグ[*1]であるとは。法の整備が急がれるところである。

それにしてもまったくいい大人が、バカなことはしないことだ。

＊1　**脱法ドラッグ**　法律によって一部の薬物が規制されていることから、法律による規制がないであろう代替の薬物を表すため用いられている用語である。２０１４年６月24日に東京池袋で脱法ドラッグを吸った男の車が暴走して歩行者を次々にはね、一人が死亡し６人が重傷を負う事件が発生した。その後、法改正され、脱法ドラッグは危険ドラッグと名を変えて取り締まられるようになった。

奥多摩に出た山賊

ヨコスズ尾根で起きた強盗傷害事件

2005年5月26日、爽やかな五月晴れの午後2時39分、警視庁の通信指令本部から「日原で強盗事件発生」の第一報が奥多摩交番にもたらされた。日原集落のYさん宅に、顔中血だらけの男が駆け込んできて、「強盗にやられた」と110番を依頼してきたというものである。

交番にいた山岳救助隊員は騒然とした。日原駐在所の前田隊員は今日週休のため駐在所は留守である。私もあわてて拳銃を着け、耐刃防護衣《たいじんぼうごい》を着込み、在所していた田口救助隊長以下4名が先発としてパトカー2台に分乗し、サイレンを鳴らして緊急走行で日原に向かった。

110番したYさんの家は、日原集落でも一番高いところにある家だ。日原から三ツドッケとも呼ばれる天目山に続くヨコスズ尾根の登り口にある家で、車道終点から徒歩で5分ほど登ったところに、年老いた奥さんが一人で暮らしているはずだ。

息を切らせてYさんの家に登っていくと、玄関前に顔を傷だらけにし、衣服を血で染めた老登山者と思われる男がうずくまっており、玄関のガラス戸は閉まっていた。

玄関のガラス戸を叩き、警察官であることを告げると鍵が開けられ戸が開き、制服を見て安堵の表情をしたYさんが顔を出した。血だらけの男が助けを求めてきたので、恐くて玄関の戸を閉めたまま男の言うことを聞きながら110番したのだという。

私は玄関前にうずくまっている男から事情を聞いた。男は都内H市に住むN（81歳）と名乗り、頭を押さえたタオルは血で染まり、顔の傷も痛々しいが、意識や話す言葉はしっかりしていたので、救急車が到着するまでのあいだ、できる限り詳しい情報を聞き取ろうとした。

Nさんが言うには朝方、車を日原の駐車場に停め、ヨコスズ尾根を天目山に登った。午前11時ごろ、稜線の一杯水避難小屋に着き、中へ入ったところ小屋の中には50歳くらいの男性登山者が一人おり、その男は西谷山から登ってきたが、途中で一泊野宿をしたと言っていた。

男と世間話をしたあと、お互いのカメラで写真を撮り合った。写真を送るのでと名前を聞くと、男はF市のHと名乗った。

その後二人で天目山に登ったが、Nさんは男に「私は年寄りで足が遅いので先に下ります」と言って、一人で下山をはじめた。約1時間して、滝入ノ峰を過ぎたあたりで、先ほどの男が追いついてきて、「近くで猿を見た」などと話していたが、いきなり「この野郎、気に食わねえな」と言いながら、持っていた木の杖を振り上げてNさんの頭を殴りつけてきた。

男とはなんの言い争いをした覚えもなかったし、なにが原因で男が豹変したのかわからなかった。Nさんが「なにするんだよ」と言うと、「気に食わねえんだよ」と言いながら、なお一層興奮し杖を振り上げ手当たりしだい頭を殴ったり、顔を突いたりしてきた。

Nさんは手で頭をかばいながら、このままでは殺されると思い、恐怖のあまり「なにが欲しいんだ」と言うと、男は「財布を出せ」と言った。Nさんはポケットから、6000円入りの財布を取り出し男に渡すと、男はそれを受け取り「ザックを下ろせ」と言う。Nさんが背負っていたザックを下ろしその場に置くと、こんどは背中を足蹴りにされ、Nさんは前の斜面を転げ落ちた。

10メートルほど転げ落ちて止まったが、こんどは上から大きな石を投げつけてきた。Nさんは近くにあった岩の陰に隠れて難を逃れたが、しばらく投石は続いた。

30分ほどして静かになったので上を見ると男の姿はなかった。Nさんは幸い足にはケガを負わなかった。登山道まで登り返し、下山をはじめると、すぐ下に自分のザックが引っ掛かっているのが見つかった。降りて中を確認したら、デジタルカメラがなくなっていた。

ザックを背負う元気もないので、水だけを持って助けを求め下山し、1時間ほどかかって最初の民家Yさんの家にたどり着き、110番通報を依頼したと語った。

私がNさんに男の人相などを聞くと「年齢は50歳くらい、身長は155センチくらい、やせ型、白の野球帽、ネズミ色のシャツ、ベージュのズボン、黒のスニーカー」などと詳しく話した。

後続の山岳救助隊、青梅署の刑事、機動捜査隊、消防の山岳救助隊、救急車などが赤色灯を点け、けたたましくサイレンを鳴らして大勢駆けつけ、東京都の西の外れ、鍾乳洞で有名な日原集落は騒然とした空気に包まれた。

田口救助隊長と松山小隊長が刑事課員を案内し、Nさんのザックの回収と現場確認にヨコスズ尾根を登っていった。

Nさんは消防の救急隊による応急手当てのあと、担架に乗せられ、Yさん宅から車道まで設置してある荷物運搬用のモノレールで車道まで降ろされ、救急車で病院に搬送された。

暗くなる前、犯行現場を確認に登った田口救助隊長らがNさんのザックを回収して下山してきた。滝入ノ峰周辺はヨコスズ尾根が最も狭まった場所で、数年前の冬に高校の先生が倉沢谷側へ180メートルも転落して死亡した事故も発生した、尾根上で唯一ともいえる危険箇所である。幸いその場所よりも少し下方の傾斜が緩やかなところだったので、10メートルほどで止まり下まで落ちなくて済んだ。

事件を刑事課員に引き継ぎ、山岳救助隊は奥多摩交番に引き上げた。

しかし現実にこんなことがあるものだろうか。大金を持ち歩く登山者などそういるものではない。金品を得るため登山者の頭を狙い、杖で殴打して登山者の反抗を抑圧し、金を盗ったあとは崖から突き落とす。さらには大きな石を投げつける。まかり間違えば強盗殺人にもなりかねない、太田蘭三[*1]や梓林太郎[*2]の山岳推理小説の世界である。

我ら山ヤ[*3]にとって「山は神聖なもの」で、「山を登る人に悪人はいない」などと言って登り続けてきた。しかしそれは、あまりにも手前勝手な思い込みであって、山に登る人にだって悪い奴はいる。実際奥多摩の山においても、親切な善人を装って、「登山口まで乗せていってやる」とか「駅まで送ってやる」などと言葉巧みに登山者を自分の車に乗せ、隙を見てザックの中から財布やカメラなどを抜き盗る悪党や、避難小屋に寝泊まりし、管理人になりすまして宿泊者から料金を騙し盗ったり、林道に停めてある登山者の車のガラスを割り、中から金品を盗む車上狙いなどもいるにはいる。こんなのは登山者の風上にも置けない奴らだ。

しかし登山者の生命、身体に危害をおよぼすような犯罪は、私が山岳救助隊に入ってからは一度もなかったし、全国の山でも聞いたためしがない。奥多摩の山を本当にそんな桁外れのワルが跋扈《ばっこ》しているのだろうか。

救急車で病院に運ばれたNさんは、右手骨折などにより全治2カ月と診断され、そのまま入院となった。

そして翌日、「奥多摩に山賊現わる」と新聞で大きく報道された。「山賊」などという言葉は「辻斬り」や「追剝《おいは》ぎ」などとともに遠い昔に死語になった言葉だと思っていた。

このこと以来、青梅警察署山岳救助隊では山岳パトロールを強化した。たまたま同時期に、人のいないキャンプ場や渓流釣場に忍び込んで、食料を持っていくコソ泥が横行し、それが人目を忍んで山の中を移動しているのではないかという情報もあって、隊員が複数でパーティを組み、登山道のパトロールをするとともに山小屋や避難小屋などの捜索を行なった。

2件目の事件が発生

6月に入ってからも、連日のように山間部の空き家や別荘、山の稜線にある西谷山避難小屋、一杯水避難小屋などの捜索と、登山道のパトロールを続けた。

6月8日、この日は山岳救助隊員15名総出で大掛かりな捜索が行なわれた。私は山岳救助隊で一番若い佐藤隊員と、峰谷の浅間尾根を登り、鷹ノ巣山避難小屋を捜索したが異常はなかった。鷹ノ巣山頂まで登り上げ、昼食後、日原方面に稲村岩尾根を下りはじめた。

奥多摩きっての急な登山道を慎重に下っていると、午後2時ごろいきなり大塚隊員の至急報無線が警視庁を呼び出している。通信指令本部に対し「天目山の一杯水避難小屋に、先日同様の血だらけの登山者が寝ており問いただしたところ、今日の朝早く強盗にやられたと言っている。先日の強盗がまた現れたものと思われる」との一報であった。大塚隊員は今日、田口救助隊長、山内隊員と3名でヨコスズ尾根を天目山に登り、一杯水避難小屋を捜索している班である。

私は佐藤隊員と稲村岩尾根を走るように下りはじめたがすぐにやめた。このまま日原に駆け下っても、朝早く人を襲った犯人が近くにいるわけもない。無線のやり取りを聞きながら「ちくしょう、またやられたか」と地団駄を踏むような気持ちで下った。

最初の犯行には半信半疑だったものが、これではっきりした。そんな凶悪な強盗犯人が奥多摩の山を横行しているという事実に私は少なからずショックを受けた。無線連絡では、田口救助隊長らが一杯水避難小屋に到着して中に入ると、布団《ふとん》を被って寝ている登山者がいる。声をかけると血だらけの男性登山者が体を起こしたという。登山者は都内M区居住のT（77歳）と名乗り、気が動転しており話す内容もハッキリしないが、一杯水避難小屋に同宿した男性に殴られ金を盗られたというものであった。

私は無線で大塚隊員を呼び出し、「応援部隊および捜査員をハンギョウ尾根の荷物搬送用のモノレールで上げ、被害者をそのモノレールで降ろして病院に収容したほうが早い」旨を指示し、佐藤隊員と下山を続けた。

私たちは夕方奥多摩交番に戻ったが、天目山の班はまだ戻っていなかった。いまモノレールで下山中だという。

暗くなってから交番に戻った田口救助隊長から、被害者Tさんの言動を聞いた。Tさんは二日前の6月6日にヨコスズ尾根から天目山に登り、一杯水避難小屋に泊まった。当日小屋を利用した登山者は5名だったという。昨日の7日は酉谷山を登りにいき、一杯水避難小屋に帰ってきたのは午後1時ごろであった。

午後3時ごろ、小柄な50歳くらいの登山者が一人小屋に入ってきて、昨夜の宿泊は二人のみであった。アバタ顔のその男は、あまり話もせず、小屋のストーブでお湯を沸かし、アルファ米[*4]の夕食を済ますと、早々に寝てしまった。

今朝Tさんは午前4時ごろ起床し、朝食を作りそれを食べていたら、男も起き出し鉈で木の枝を切っていた。

朝食を終えたTさんは、川苔山を経由し古里に下りようと、午前6時、男に「お先に」と声をかけ小屋を出た。小屋の前の坂を下っていると、いきなり後ろから後頭部にゴツンという強い衝撃を受けた。後ろに振り返ろうとしたとき、また堅いもので頭を殴られた。振り返ると、小屋に泊まったアバタ顔の男が鉈を振り上げ、鉈のミネのほうで頭を殴ってきた。必死でかわし、男の鉈を持っている手を両手で押さえたが、こんどは拳で左目付近を何回も殴られた。

このままでは殺されると思ったTさんは「なんでだあ」と叫んで、鉈を持っている手を必死で押さえていると、男の力が緩み「4日食っていない」と言った。Tさんは咄嗟に金を渡せば助かるのじゃないかと思い、「金ならバッグにある」と言って地面に落ちているポシェットを拾い、中からビニール袋に入った1万9000円を渡すと、男はそれを奪い取り一杯水避難小屋のほうに無言で戻っていった。

Tさんは「助かった」と思い、蕎麦粒山方向に必死で逃げた。途中一杯水の水場まで来て、鉈のミネで殴られた頭をタオルで拭くと、ベットリと血がついてきた。何回もタオルを濯《すす》ぎ、頭や顔を拭きながら長いあいだそこで休んでいた。

Tさんは3時間ほどそうしていたが、古里に下るより日原に下りたほうが早いと思い、おそるおそる一杯水避難小屋に引き返し、小屋の中を覗いたが男はいなかった。

Tさんは身体に脱力感を感じ、小屋に入り横になって休んでいた。そこへ夫婦連れの登山者が小屋に入ってきてなにか話しかけてきたが、Tさんは気が動転していたのか「小屋に泊まりにきたんだ」などと訳のわからないことを言っていた。なぜ夫婦連れの登山者に助けを求めなかったのか、自分でもわからなかったという。

夫婦連れの登山者が小屋を出ていってしばらくしてから、小屋の捜索に登った田口救助隊長などに発見され、救助されたというものであった。

救助隊員の執念で犯人逮捕

登山者の敵であるこの山賊男を、なんとしても逮捕しなければ警察の不名誉だけでなく、山岳救助隊としてのメンツが立たない。なによりも好きで奥多摩を訪れる登山者が山に登れなくなる。

翌日から山岳救助隊員総出の山岳パトロールがはじまった。青梅署刑事課では町での捜査にも着手した。そして何日かあと、刑事課員の執拗な贓品《ぞうひん》*5捜査の甲斐あって、Nさんが盗られたデジタルカメラの発見となった。その中に残っていた画像が復元され、顔写真が手に入り、写っていた男の名前も割れた。その写真を被害者であるNさんとTさんに見せると、二人とも「この男に間違いない」と証言したという。

男は住所不定、無職の「H」（55歳）で、以前は都内のO市に住んでいたという。被害者のNさんには本名を名乗っていたことになる。

刑事課ではHの逮捕状を取り、山岳救助隊は連日の山狩りとなった。とくに一杯水避難小屋と西谷山避難小屋には「夜討ち朝駆け」をかけ、そのため私も交番の2階に泊まり込んで、朝の3時に山へ出発することもあった。

駅やバス会社などにも顔写真を配り情報を求めた。早朝の駅ホームに張り込みもかけた。夕方山から下りてきたところに、バスの運転手からHと似た男を大丹波まで乗せたという情報が入り、すぐさま取って返し一杯水避難小屋まで登っていったが空振りに終わった。

1週間もすると、山岳救助隊員にも焦りが出てきた。Hにしたっていつも山に登っているわけではないだろうし、次もこの山とは限らない。そしてもう奥多摩には来ないかもしれない。しかし「あいつは金がなくなったら、またかならずここにやってくる」と信じ、粘り強く山岳パトロール、早朝の張り込みなどを続けた。

6月18日の朝、奥多摩駅前に青梅署生活安全課が作成した「奥多摩で強盗事件が発生しているので単独登山は自粛するように」と呼びかける看板が出された。第三の犯行が起こってからでは遅い。不本意ではあるが犯人が捕まっていないのだから、しかたがない措置であろう。

その日の午前11時過ぎ、奥多摩交番に在所していた私のところに、有馬小隊長から電話連絡が入った。有馬小隊長は山内隊員と大丹波林道周辺をパトロールしているはずだった。「いま、真名井橋のところで山内と二人で不審な男を職務質問している。男はHと名乗っており、手配の写真と似ている。刑事課には連絡した」というものであった。「やったぞ。すぐ向かう」と電話を切って、交番にいた大塚隊員、佐藤隊員と3人でパトカーに乗り緊急走行で大丹波に向かった。

大丹波林道は獅子口小屋跡を経て、日向沢《ひなたさわ》ノ峰、蕎麦粒山とたどり一杯水避難小屋に登る登山口でもある。私もつい先日、逆コースをたどりパトロールし大丹波に下山している。「ついにやったぞ」。パトカーの中で私は少し興奮していた。青梅街道から大丹波に入り、15分後真名井橋に到着した。

橋のたもとに有馬小隊長と山内隊員、それに数人の私服警官がたむろしていた。その真ん中に手錠をかけられた小柄な男が立っている。私は刑事に「Hに間違いはないか」と聞いたところ「間違いない」と言う。そばにいた山内隊員に「やったね」と労《ねぎら》いの言葉をかけた。

私は男に呼びかけた。「H君」。ギクッとして私のほうを見た男は、アバタのある赤ら顔で、写真の「H」に間違いはなかった。「ずいぶん捜したんだぞ、でもとうとう捕まえた」と言うと、Hは黙って下を向いた。

犯人は考えていたより華奢《きゃしゃ》でひ弱そうな男であった。だからこそ単独で登っている高齢登山者だけが狙われたものだろう。

Hはそのまま青梅署に護送されていった。私は奥多摩交番に戻り、今日は週休で公舎にいる田口救助隊長にH逮捕の報告をした。

午前中、大丹波周辺をパトロールしていた山内隊員は、パトカーの中から奥茶屋方向に歩いていく男性登山者とすれ違った。「登山にはちょっと遅すぎるな」と思ったとき「ンッ」ときた。「似ている」。すぐに近くをパトロールしているはずの有馬小隊長を無線で呼んで、パトカー2台で後ろからソッと近づき声をかけた。

「ギョッ」と驚いた様子の男も、平静を装って名前を問われると「Hと言います。川苔山に登るところです」と本名を名乗ったという。ザックの中を見せてもらうと、なんと中には血のついたタオルで巻かれた鉈が1丁、包丁が2丁、金槌が1本、ナイフが1本入っていたという。もちろん食料や金はまったくなかったから、第三の犯行を企て山に入ろうとしていたことは間違いない。Hは狂暴な性格であることに違いないが、スラスラと本名を名乗ったりしているところからみて、そう複雑な人間ではないのだろう。

諦めることなく執拗に林道周辺のパトロールを続け、犯人が山に入るその一瞬のチャンスを見逃さず、第三の犯行を水際で食い止めることができたことは幸運であった。そしてなにより私としては、山岳救助隊員による逮捕がうれしかった。だれが捕まえても同じことなのだろうが、いままで長期間、山岳救助隊員が山の中を駆けずり回って、町中で刑事課員に逮捕されたのでは山岳救助隊員の士気に影響する。「つらいときもあったが、やった甲斐があった」と思えればそれでいいと思う。

懲役刑の判決

「奥多摩で山賊」と新聞に記事が出てから、山岳救助隊にもその件について、登山者からの問い合わせが多かった。「強盗はまだ捕まりませんか」とか「単独行が好きなのですが、山に入ってはいけませんか」などと電話や、交番に立ち寄って尋ねる登山者が多く、そのつど私は「まだ捕まっていません、危険ですから一人で登るのは自粛してください」と指導していた。

しかしこれでやっと奥多摩を愛し通いつめている登山者にも、「山賊は捕まりました。もう大丈夫ですよ、安心して奥多摩の山を楽しんでください」と答えることができる。

私は今朝出したばかりの「単独登山自粛」の看板を万感こめて奥多摩駅から外した。「山賊逮捕」の情報は、すぐ奥多摩の町中に広まった。会う人ごと「よかったですね」と声をかけてくれる。私も「山岳救助隊員が捕まえたんですよ」と、少し誇らしげに話している。

それにしても逮捕されたHは、捜査員に対し「私は山が好きで、北海道と四国の山以外はほとんど登った」と、うそぶいているというから、とんでもない登山者もいたものだと驚く。

奥多摩の秋も深まった2005年11月5日、新聞に「山賊に懲役10年判決」という記事が大きく載った。強盗傷害罪で起訴されていたHの判決公判が、11月4日東京地裁八王子支部で開かれ、裁判長は「身勝手極まりない犯行」としてHに対し懲役10年の有罪判決を言い渡したものである。裁判長はその判決理由を「一人歩きの高齢者を狙い、一方的に暴行を加える危険かつ悪質な犯行。平穏に登山を楽しんでいた被害者の精神的苦痛や他の登山客に与えた衝撃も大きく、結果は重大」と述べたという。

Hがこの2件の犯行によって得たものは、現金2万5000円とデジタルカメラ1台でしかない。それと引き替えの懲役10年は酷なように思えるかもしれない。しかし被害者の立場からすれば、なんの理由もなく杖で殴られ、崖から突き落とされたり、鉈を持った男に頭を殴られて「殺される」という未曾有《みぞう》の恐怖。長期間にわたる入院生活を余儀なくされた肉体的、精神的苦痛。善良な登山者に与えた衝撃と人間不信。登山界や社会に与えた影響などを熟慮した裁判長の判断なのだろう。

＊1 **太田蘭三** 『殺意の三面《みおもて》峡谷』『奥多摩殺人渓谷』など、登山や釣りを題材にしたミステリーを多数執筆。

＊2 **梓林太郎** 著書に『九月の渓で』『八方尾根殺人事件』など。山岳救助隊員が主人公の作品もある。

＊3 **山ヤ** それなりに思い入れとこだわりを持って自発的に山に登り、ある程度登山というものの内実をわかっている人たちを指す俗称。その人が重きを置く登山の志向によって岩ヤ、沢ヤなどともいう。

＊4 **アルファ米** 米を炊いたり蒸したりしたあとで乾燥処理したアルファ化米のこと。軽量のため登山時の携帯用に便利で、水や湯などで復元する。通称アルファ米。

＊5 **贓品** 盗み取るなど、不法に手に入れた品々。盗品。

あとがき

2013年3月31日、私は再任用、嘱託員の5年間も含めて、四十数年間にわたる警視庁での警察人生に終止符を打った。1966年に警視庁警察学校に入校し、翌年警察署に卒業配置になってからも、高校時代から故郷の山、飯豊《いいで》や朝日、吾妻《あづま》や蔵王などに登って熱中した山登りをやめることはできなかった。

1967年に初めて東京の山、雲取山に登った。同じ年に甲斐駒ヶ岳や谷川岳などに登り、山好きの山仲間で会員を公募して1970年に警視庁山岳会を創り都岳連に加盟した。奥多摩や丹沢で沢登りに目覚め、八ヶ岳で冬山、谷川岳などで岩登りとオールラウンドな登山を仲間とともに楽しむようになった。

そして仕事のほうも機動隊時代には機動救助隊、レンジャー部隊、所轄が変わっても五日市警察署山岳救助隊、青梅警察署山岳救助隊と渡り歩き、常に山とレスキューにこだわり続けた警察人生であった。本職であるはずのドロボーは捕まえられなかったし、交通切符も書けなかった。それでもいま振り返ってみれば、いい警察人生を送ることができたとしみじみ思うのである。

仕事や私生活においても、決して平穏無事であったわけではない。どちらかといえば波乱ぎみだったといえるかもしれないが、自分なりに仕事や人生に対して真剣に向き合うことができたような気がする。

なかでも最後に奥多摩において青梅警察署山岳救助隊員として過ごした20年間、この凝縮した中身の濃さといったらどうだろう。あらゆることにおいてこれほど充実した年月はなかった。奥多摩というすばらしい自然の中にあって、人の生と死を身近に感じながら、遭難者を捜索したり負傷者を救助したり、無事発見で喜んだり、遺体発見で落ち込んだり、泣いたり笑ったりと感情の起伏は多々あったが、喜怒哀楽の中で喜びのほうがどれよりも多かったことかと、いま私は思う。

仕事と離れた登山においても、命の危険を感じたことは何度もあった。谷川岳一ノ倉沢で腕に落石を受けて骨折し入院したり、冬の八ヶ岳大同心で転落しザイルにぶら下がったりもしたが、それでも山をやめようなどとは一度も思ったことはない。そして、運がよかったのか、なんとか生きながらえてきた。

長く山をやっていれば宿命ともいえるが、親しい山の友をずいぶんと山で失った。だが、山ではそれ以上に多くの人との熱い出会いがあった。もちろん妻もそのひとりである。これらの出会いは、私のこれからの人生における大きな財産である。

心血を注いできた山岳救助隊を退任したいま、さてこれから残された時間をどう生きるか。そう考えたとき、中国の詩人、陶淵明の「帰去来の辞」のこんな詩句が口をついて出るのだ。「帰りなんいざ　田園将《まさ》に蕪《あ》れなんとす　なんぞ帰らざる」。陶淵明が役人生活をやめて故郷に帰ったときの詩だ。「田舎へ帰ろう。世俗との交わりを絶ち、再就職なんか望まない。親戚との話や音楽や読書を楽しみに余生を送ろう」と。

そんなことを考えると、これからの人生がわくわくするほど楽しみなのである。

金　邦　夫

底本

『奥多摩登山考』２００２年３月　東京都公園協会ほか

「あびえす」（奥多摩ビジターセンター）の連載を収録

『金副隊長の山岳救助隊日誌　山は本当に危険がいっぱい』２００７年10月　角川学芸出版

「あびえす」「来さっせぇ奥多摩」（奥多摩観光協会）の連載、「山と溪谷」に発表したものを収録

『すぐそこにある遭難事故　奥多摩山岳救助隊員からの警鐘』２０１５年５月　東京新聞

「岳人」「来さっせぇ奥多摩」の連載を収録

＊本書は上記の３冊をもとに再編集したものです。

＊登場人物の年齢と肩書は、遭難事故発生当時または執筆時のものです。

カバーデザイン＝吉田直人
地図作成＝北村優子（シグメディア）
編集＝藤田晋也、佐々木惣（山と溪谷社）

侮る東京の山　新編 奥多摩山岳救助隊日誌

二〇二三年三月十日　初版第一刷発行

編　者　金邦夫
発行人　川崎深雪
発行所　株式会社山と溪谷社
郵便番号　一〇一－〇〇五一
東京都千代田区神田神保町一丁目一〇五番地
https://www.yamakei.co.jp/
■乱丁・落丁、及び内容に関するお問合せ先
山と溪谷社自動応答サービス　電話〇三－六七四四－一九〇〇
受付時間／十一時～十六時（土日、祝日を除く）
メールもご利用ください。
【乱丁・落丁】service@yamakei.co.jp
【内容】info@yamakei.co.jp
■書店・取次様からのご注文先
山と溪谷社受注センター　電話〇四八－四五八－三四五五
ファックス〇四八－四二一－〇五一三
■書店・取次様からのご注文以外のお問合せ先
eigyo@yamakei.co.jp

本文フォーマットデザイン　岡本一宣デザイン事務所
印刷・製本　大日本印刷株式会社

定価はカバーに表示してあります

Printed in Japan ISBN978-4-635-04955-9